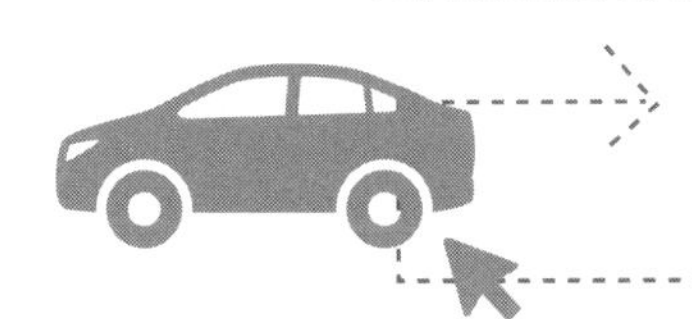

汽车4S店优化创新管理

汽车4S店
系统化运营实务

叶东明　编著

化学工业出版社
·北京·

图书在版编目（CIP）数据

汽车4S店系统化运营实务/叶东明编著．—北京：化学工业出版社，2020.3
（汽车4S店优化创新管理）
ISBN 978-7-122-36119-6

Ⅰ.①汽… Ⅱ.①叶… Ⅲ.①汽车-专业商店-经营管理 Ⅳ.①F717.5

中国版本图书馆CIP数据核字（2020）第021910号

责任编辑：周　红　　文字编辑：张燕文
责任校对：边　涛　　装帧设计：王晓宇

出版发行：化学工业出版社（北京市东城区青年湖南街13号　邮政编码100011）
印　　装：大厂聚鑫印刷有限责任公司
710mm×1000mm　1/16　印张$13^1/_4$　字数217千字　2020年4月北京第1版第1次印刷

购书咨询：010-64518888　　售后服务：010-64518899
网　　址：http://www.cip.com.cn
凡购买本书，如有缺损质量问题，本社销售中心负责调换。

定　　价：68.00元

序

汽车行业是我国十大支柱产业之一的大行业，4S店作为各汽车品牌厂家连接最终用户的桥梁，是汽车行业的一个重要组成部分。4S店具有独立的法人地位，担负着将主机厂生产的汽车推向市场、销售给最终用户并负责提供售后服务的责任，并为自己的经营结果负责。同时，4S店的经销权授权制度又迫使4S店必须配合厂家的运作要求，使自己的运营受到诸多制约。

4S店特殊的产业形态，以及4S店巨大的固定资产和流动资金投入，促使4S店的运营管理者必须更加小心翼翼和精打细算，否则在目前品牌林立、产能过剩的情况下，极其容易步入经营不善的危险境地。这个产业形态特殊的行业经过二十年的发展已经走过了粗放式发展的阶段，4S店再也不能通过盲目抢占地盘和扩大经营规模或者依靠个别畅销车型攫取巨额利润，新的竞争格局要求4S店只有采用精细化和系统化运营模式才能获得生存和发展。

4S店如何在白热化的市场竞争中建立竞争优势，已经成为每一位4S店的投资者和经营者必须严肃对待和认真思考的问题。4S店竞争优势的构建，涉及4S店内部和外部诸多因素。但无论如何，如果4S店没有从内部构建高效的运营流程和机制、没有培养和建立忠诚的客户基盘，使4S店获得良好的内部和外部运营环境，4S店要在竞争中取得优势便无从谈起。

《汽车4S店系统化运营实务》一书论述了4S店如何有效编制年度经营

计划和预算，如何通过有效人员激励和运营过程质询实现经营计划落地，以及如何开展经营结果复盘，提供了精细化的过程方法和系统化的运营管理思路，帮助4S店提升经营能力，提高运营的效率和资源配置的有效性。

《汽车4S店客户关系优化管理》一书则从客户价值链的角度，从理论和实践双重角度论述了如何培养和建立忠诚的客户群体和维护客户关系，思路清晰，层层递进。书中提供的4S店服务价值链模型，完整展现了4S店的服务价值链，揭示了4S店服务价值的传递和实现过程，以及服务价值实现各因素的内部关系，为读者提供了思考的角度和方向。

这两本书的显著特点是理论结合实际，既有理论阐述，又有实操流程和方法，结构严谨。更加难得的是，叶先生在书中提供了大量翔实的操作模板资料，可操作性和实用性很强，这使得本书更具有实际管理操作的参考价值。

这两本书适合4S店的投资者和经营管理人员阅读。尤其是对那些在运营管理过程中遇到困惑的4S店管理人员来说，这两本书无疑具有直接的指导和启迪作用。

这两本书提供的运营管理和客户关系管理的思路、方法和案例，对其他行业的运营管理从业人员和在读运营管理专业的学生也有一定的参考价值。

前言

运营效率和客户关系，始终是汽车4S店绕不开的话题，因为这两个问题关系到4S店能否生存和盈利。

十年前，我写了《如何经营好4S店》一书，阐述了4S店如何制定经营计划和实现经营目标，以及4S店如何培养客户忠诚度和维系良好的客户关系。

中欧国际工商学院运营及供应链管理学教授赵先德老师写了序，他说，4S店要在白热化的竞争中获得竞争优势，除了要有好的品牌和好的产品外，还必须做好两件事情，一是整合内部管理流程，使得内部的运作更有效率，二是迎合和超越客户的需求，以赢得消费者的满意和青睐，这两件事情成为4S店运营管理的核心。他的这段论述在今天读来，犹觉是有指导意义的真知灼见。

《如何经营好4S店》涵盖了4S店运营管理的核心。该书出版后得到了汽车4S店业界的广泛好评和认可，一版再版，一些汽车经销集团将该书作为管理人员必读书目和客服人员培训教材。

《汽车4S店系统化运营实务》和《汽车4S店客户关系优化管理》，是在《如何经营好4S店》的基础上，结合4S店行业的新情况和管理的新发展重新编写的。其中，《汽车4S店系统化运营实务》阐述了4S店如何构建精细运营的5R运营管理系统，包括经营计划和预算、组织和落实、执行过程检视、绩效奖惩和经营复盘，以帮助4S店的运营管理更加系统和连贯，运营效率更高，运营能力能够得到积累和提升。《汽车4S店客户关系优化管理》以4S店客户关系发展和服务价值链为线索，从理念和实践双重角度论述4S店如何建立员工的服务意愿，如何培养忠诚的客户群体和维护客户关系，提供了相应的客户关系管理解决方案。

本书在编写过程中，参阅了国内外许多已经出版或发表的书籍和论文等，吸取了其中一些观点和研究成果，适当引用了其中一些内容，恕不一一注明出处，仅在参考文献中列出，在此谨向相关作者表示感谢。

特别感谢中欧国际工商学院运营及供应链管理学教授赵先德先生在百忙中为本书写序，也衷心感谢为本书写作过程提供帮助和意见的广大4S店朋友！

由于水平所限，书中不妥之处在所难免，恳请读者批评指正。

电子邮箱：dongmingye88@hotmail.com

叶东明

目录 CONTENTS

1

4S店的5R运营创新管理模式

4S

4S店是品牌汽车特许专营的一种业务模式，亦即汽车经销商按照品牌厂家的要求实施整车销售标准化（Sale）、零配件供应标准化（Spare part）、售后服务标准化（Service）、信息反馈及时化（Survey）的一体化经营模式。4S店由汽车经销商投资，硬件设施按厂家的设计标准建造、配置和布置，人员按厂家的标准配置，关键岗位的任职人员由厂家培训认可，整车和零配件由厂商直接提供，业务流程按厂家设计的统一标准运作。品牌厂家通过4S店的特许经营模式，能够通过对品牌形象、服务流程、价格和管理的统一实现对市场的控制和对经销商的管理和监督；经销商通过建立4S店的运作模式，能够迅速建立系统化、标准化的管理系统和服务系统；而消费者也能够通过4S店得到更好的有质量保证的服务。所以说4S店的运作模式使厂家、经销商和消费者多方共赢。正是由于上述的原因，我国在20世纪末出现第一家4S店后，4S店的经营模式迅速为各个汽车品牌所采用，成为汽车销售和服务的基本模式。以4S店的形式开展的汽车销售服务既是汽车市场激烈竞争的产物，也是消费者消费需求逐渐成熟的结果。

随着我国近年来经济迅猛发展，消费者对汽车的需求量迅速增大，汽车市场发展迅速，我国的汽车销量已经达到世界第一。尽管一家4S店的投资动辄数以千万元计，但迅速扩大的市场需求和简单、有效的盈利模式吸引了众多的投资者进入汽车销售服务行业。到目前为止，全国的汽车4S店数以万计，数量也达到世界第一。

4S店之间的竞争越来越激烈。而且，由于4S店建店投资巨大，投入的流动资金也非常庞大，在这种情况下，4S店如果在营运上稍有不慎，就很容易迈向危险的境地。尽管大多品牌的厂家为4S店提供了运作规范，但这些规范主要是集中在服务流程以及与厂家之间的业务对接上，在如何经营好4S店方面，很多经销商却没有得到很好的指导。这种情况进一步增加了4S店的经营风险。

为降低经营的风险，许多4S店导入了经营计划和预算的经营制度。但是，由于对经营计划内涵理解以及对经营计划制定和实施系统性掌握不到位，经常导致计划不能实施而预算却成为4S店运营障碍的情况。

笔者借鉴了国内外一些企业的优秀运营管理模式，在对一些4S店的运营管理进行调研和管理能力提升辅导的基础上，提炼出4S店的4R管理模式及其运作模板。这种模式把汽车4S店的经营管理过程划分为战略经营目标及行动计划和预算、战略组织和责任落实、过程监视和业绩改进、经营绩效考核和人员激励四大系统，并将它们有机地结合起来，形成一个以一年作为一个运作周期的有机运营体系，使4S店的运营成为在经营战略目标驱动下的目标管理、责任落实、过程评估和公平激励的过程。

在4R管理模式的基础上，加上复盘和升值的内容，形成5R运营创新管理模式。4S店5R管理模式由下述五个部分组成。

R1（Ready-all）目标计划和预算制定——战略分析、目标制定和分解、行动计划和预算、风险评估。实际常使用年度经营计划。

R2（Responsibility）执行组织和责任落实——建立基于战略目标的战略执行组织、关键绩效指标、岗位描述和个人责任合同。

R3（Review）过程业绩检视和改进——通过经营过程业绩检视和改进，防止目标偏离和纠正计划措施的执行偏差。

R4（Resulting）绩效考核和公平激励——建立和实施以经营业绩考核结果为基础的报酬系统和激励系统。

R5（Revaluating）复盘和升值——回顾年度的运营过程，改进经营系统，避免重蹈覆辙，寻找新的利润点，提升4S店及员工的运营能力。

1.1 R1——目标计划和预算制定

年度经营计划制定是一个计划系统，要求4S店在每年年底前对本年度的经营结果进行评估，分析企业经营的成功因素和导致企业经营及运作产生问题的障碍因素，分析下一年度通过什么样的努力就可以达成什么样的目标。根据分析的结果，结合厂家下达的年度目标和任务，4S店就能够确定下一年度的经营目标及相应的行动计划和预算。也就是说，在年初时，4S店不仅要确定新的一年要“做什么和要达到什么目标”，并在确定“做什么和要达到什么目标”之前，还要先计划好“怎么做”，需要投入多少资源，需要的资源如何准备和提供，风险有多大。目前大部分的4S店每年也编制经营计划和预算，但由于各种原因，大多的经营计划最终成了“伪计划”，无法执行；由于没有与经营目标和行动计划挂钩，预算也经常是为预算而预算而成了“伪预算”，没有执行的价值。4S店5R运营创新管理模式为年度经营计划的制定提供了一种方法，介绍4S店如何科学地制定年度经营目标，如何确定实现目标的方法和路径，以及如何有效使用4S店的资源。它是整个运营管理系统的启动系统。

（1）经营目标的制定

经营目标是4S店期望本年度要达到的经营目的。4S店经营目标的高低往往取决于4S店管理层对市场预测的结果、厂家的要求、投资方的要求和管理层对自己的要求。过低的经营目标将妨碍4S店建立竞争优势，而过高的经营目标由于不能实现将打击员工的士气。因此科学合理地制定4S店的经营目标，是经营计划成败的关键。把4S店的战略目标转化成可操作的年度目标，经过分解，让员工知道自己工作的目标和价值在哪里。

（2）关键措施、行动计划和预算

年度经营计划制定强调的是执行不仅是一个目标，同时强调实现目标的过程。作为管理者，要根据目标识别和优化相关的业务流程，识别实现经营目标的关键点，从而能够在制定经营目标的同时制定实现目标的关键措施和行动计划。只有对业务流程进行识别、规划并进行预算，确保实现目标的资源能够提供，才能确定目标是否可实现以及如何实现。

在实施业务流程之前，4S店必须确定关键措施和行动方案的关键点，其结果必须作为过程实施阶段的接收标准。由于战略就是实现目标的计划，从这个角度上讲，关键措施就是实现目标的战略，而行动方案就是实施关键措施的具体行动计划，就是战术。关键措施来自于企业对关键成功因素（CSF）的确定和对失败因素的分析，以及对未来形势和环境的判断。而关键措施和行动方案关键点的结果作为过程的阶段成果和进度安排及过程里程碑的标志，必须成为过程监视的关键点，监视的结果成为业绩改进的依据。

预算是年度经营计划编制的重要环节。如果4S店没有预算，将不能保证提供实现目标所需的资源，从而也不能保证经营目标的实现。而那些没有根据经营目标和确定的行动计划进行的预算是不可执行的预算，同样也将使4S店面临巨大的经营风险。

1.2　R2——执行组织和责任落实

执行组织是目标执行的载体，好的目标和行动计划，必须由适当的人和组织来执行。岗位职责不明确，就会出现责任推诿和扯皮，就会导致管理混乱，效率低下。因此，4S店必须根据企业的业务流程和战略定位来设置4S店的组织机构和岗位，明确每个部门和员工的职责。4S店通过编制职位说明书的方式，对职位进行角色定位，明确各个岗位的岗位职责、岗位操作细则和接收标准；通过对每个岗位建立量化的关键绩效指标，为员工建立衡量工作业绩的标准。每个岗位的关键绩效指标来自于两个方面：一是4S店的经营目标，4S店必须将年度经营目标分解到人，并以关键绩效指标的形式，将年度经营目标落实到人；二是履行业务流程和行为规范的岗位职责。执行组织和落实责任采用典型案例的方法，提供4S店组织结构图、典型岗位的岗位描述，引导4S店明确每个岗位的职责；通过介绍关键绩效指标的建立过程和方法，引导4S店将企业的年度经营目标和战略规划分解和落实到个人。为使每个员工更加清楚自己的责任，执行组织和落实责任还以个人绩效合同的方式，强调公司必须层层签订年度或月度绩效合同，使每个人明确实现企业经营目标应担当的责任。

1.3　R3——过程业绩检视和改进

有了目标，有了行动计划，落实了执行的职责，是否就能获得期望的经营结果呢？答案很简单：不能！在实际的经营过程中，由于市场环境不断变化，员工的执行出现偏差，总是会出现事不随人愿的情况。4S店如果没有业绩跟踪和改进系统，年初的经营计划就会流于形式，目标就不能实现。而且，随着计划的实施和经营环境的变化，经营目标也可能需要进行适当修正和调整。通过建立过程信息表格系统、业绩跟踪会议等方法，以事实和数据为基础，对相关目标实施的行动方案、业务流程和相关人员的绩效进行定期跟踪和检视，使4S店管理层能够及时、有效地跟踪业务经营的发展情况，及时发现问题和采取改进措施，在帮助有关人员实现规定绩效目标的同时，实现4S店预定的经营目标。过程业绩检视和改进采取以数据为基础、以结果为导向、以解决问题为目的和对事不对人的管理原则，为企业建立一个公开和公平的平台，避免由于个人决策的局限带来决策风险。同时，通过公开的业绩检视，帮助员工快速成长。

1.4 R4——绩效考核和公平激励

“员工不会做你希望的，只会做你考核的。”如果员工不能按业绩取酬，多劳多得，员工就没有积极性，没有主动工作和做好工作的意愿，工作效率势必低下。如果不能依据员工的业绩、工作能力和工作态度用人，实现“能者上劣者汰”，企业就不能凝聚人才。绩效考核和激励通过建立激励性的薪资制度和人力资源矩阵，用科学的绩效评估方法，实现对员工业绩的有效考核和个人能力的公正评估，为业绩好的员工提供更好的薪酬、晋升和培训机会，促进中等绩效的人员向绩效好的人员转化，让绩效和态度及能力低下的人员淘汰出局，从而促进以业绩为导向的公平竞争文化在企业中形成，逐步实现以制度和文化凝聚人的公平向上的企业文化。

1.5 R5——复盘和升值

经历一年的运作，有的4S店实现或者超额实现了年初设定的经营目标，也有一些4S店在经营中打了败仗。然而，不管成功或者失败，4S店都会有经验或教训，这些经验或教训，可以成为4S店下年度的借鉴，以避免出现同样的错误，也可以帮助管理者提升自己的能力。因此，必须对一年的经历进行复盘，对重要项目的决策和执行过程进行重现，而不是仅仅对项目进行总结，这样可以根据项目执行的实际情况，更加清楚哪些决策出现了偏差，哪些重要因素被忽略，哪些估计出现错误，采取了哪些补救措施，是否有更好的方案等。此外，经过一年的运作，市场可能已经发生了新的变化。通过复盘，4S店除增长了运营的驾驭能力，还有可能在复盘中找到新的业务方式，使4S店的能力和价值在一个又一个的运营循环中不断提升。

4S店5R运营创新管理模式的基本运作模型如图1-1所示。

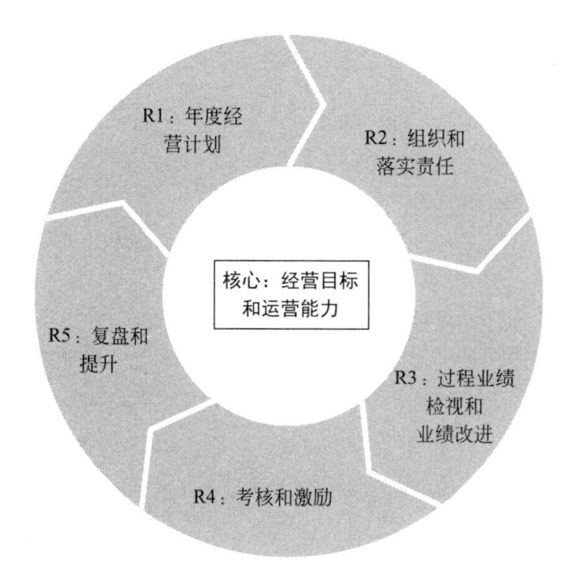

图1-1　4S店5R运营创新管理模式的基本运作模型

4S店5R运营创新管理模式为4S店确立了一种运作模式，使4S店的经营运作成为一场“快乐游戏”，该“游戏”规则明确，并且公平合理。这种“游戏”以一年为一个循环周期，老板、管理者和员工都是按规则和责任行事的游戏角色。游戏的目标就是实现老板和管理者之间、管理者和员工之间的相互承诺—年度经营目标。

本书第2～4章介绍R1，第5章介绍R2，第6章介绍R3，第7章介绍R4，第8章介绍R5。

2

经营计划

4S

经营计划是4S店对未来发展的总体构思，也是4S店设立和实现经营目标的计划。根据计划周期不同，一般可将经营计划分为长期计划、中期计划和短期计划。长期计划一般以五年和十年为计划周期，并且以投资和业务范围的选择为中心，侧重于“企业使命、经营方针、企业愿景”的规划和企业的产业结构规划。由于汽车市场发展迅猛，市场竞争十分激烈，整个宏观经济环境不稳定，长期计划在单体汽车4S店已经非常少见，主要应用于汽车经销集团。中期计划一般以2～3年为计划周期，以设施、设备、人员的结构以及业务发展作为计划的重点。短期计划一般以年度为计划和经营周期，是一个为具体的经营目标所订立的销售和服务行动计划。年度经营计划是目前4S店最基本的经营计划形式，包括4S店年度经营目标的确立、行动计划的制定和预算的编制。年度经营计划既要落实4S店中长期经营计划的规划，又要考虑4S店当前的经营能力、所处的经营环境和品牌厂家的要求，所以4S店年度经营计划的编制过程就是4S店5R运营创新管理模式的起点。

2.1 年度经营计划的目标

4S店编制年度经营计划必须达到的目标包括：预先洞察经营环境的变化；确定年度经营目标，统一员工认识；确定4S店的业务流程和行动计划；有效配置企业资源；让员工参与管理，培育员工成长。

（1）预先洞察经营环境的变化

汽车销售和服务行业所在的市场环境是一个完全竞争的环境，其影响因素众多，例如国内外的政治和经济形势，国家和经销商所在地区的政府对汽车产业的政策变化，国家金融政策的变化，地区消费需求和人口结构变化，地区竞争结构的变化，竞争品牌和竞争对手的营销策略的变化，4S店自身的经营能力变化等。预先洞察经营环境的变化，识别企业可能面临的威胁和机会，及早采取应变的准备，是4S店生存和良好经营的前提。

（2）确定年度经营目标，统一员工认识

目标是一个组织行动的方向和目的。有了明确的目标，员工才知道要往哪里走。目标就好像是组织开了一扇门，门往哪儿开，员工就会往哪儿走。因而，目标就是组织的行动方向，而行动计划则指导员工如何达成目标。因此能否合理制定经营目标，既是经营计划成败的关键，也是4S店经营成败的关键。

4S店经营目标的分析和确定过程，需要老板、管理者和员工上下反复磨合和探讨。通过这个过程，既让4S店上下统一了经营思路，又使员工清楚了企业的前进方向和要努力实现的目标。同时，通过总目标的层层分解，让每个员工明白自己的业绩目标和努力方向。

（3）确定4S店的业务流程和行动计划

目标和行动计划的制定是4S店战略执行的“火车头”，是整个运营的关键。目标、行动计划和预算三位一体，必须同时制定。经营目标必须有行动计划作支撑才能实现，而行动计划所需资源必须得到保障并从组织上得到支持才能实施。没有行动计划、组织保障和资源保障的目标将是空中楼阁，摆着好看而已。目标计划和预算就是要求4S店每年在想好要干什么的同时想好要怎么干，由谁来干，花多少钱来干。目标就是为员工开好的一扇门，让员工知道行动方向；行动计划就是员工往门的方向走时要走的路径和顺序。有了门而没有出门的路径和顺序安排，员工在冲向“门”的时候就会拥挤和内耗，欲速而不达。所以，4S店在制定经营目标时要同时制定相应的关键措施和行动计划，并对4S店相关的业务流程和制度创新进行评审和修订。

（4）有效配置企业资源

预算既是4S店财务平衡的过程，也是4S店为实现经营目标和实施行动计划提供资源的过程。通过预算，4S店能够将有限的资金合理配置到对经营目标有贡献的项目上，从而有效提高资金的利用效率。此外，通过年度经营计划的制定和对业务量的预测，4S店明确了人员和设备配置的需求，从而能够未雨绸缪，为未来的人力资源和基础设施需求做好准备。

（5）让员工参与管理，培育员工成长

编制年度经营计划的另一个目标，是通过员工参与目标和行动计划的确定，促进员工对目标和行动计划的认同，提高员工实现企业经营目标和自觉执行行动计划的意愿。同时，通过这个过程，让员工参与管理，提高员工的管理水平，促进员工和4S店的共同成长。

2.2 年度经营计划失败的原因

到目前为止，大多数4S店每年都会编制年度经营计划和预算，但其中许多并没有达成制定的目标，由此有些4S店对编制年度经营计划和预算的作用产生了怀疑，导致年度经营计划失败。究其原因，主要有以下几个方面。

① 把经营目标定得太高，根本无法达到。这种情况经常发生在年度经营目标由老板自己确定的4S店。老板在确定经营目标时往往没有对历史数据和4S店所处的经营环境进行分析，而只是根据自己的主观愿望给4S店下达指标。在这种情况下，员工认为经营计划提出的目标只是老板的目标，以现有的基础和环境条件而言根本无法达到。

② 只有老板和少数管理者参与编制计划，执行部门的意见未受重视。4S店在编制经营计划时与执行部门的沟通不充分，执行部门没有制定实现目标的项目实施计划，经营计划不是各部门项目实施计划的综合和提炼，导致经营计划无法实施或实施不到位。

③ 缺乏具体的行动计划。有些4S店的经营计划只提出了经营目标，而提出的关键措施和行动计划抽象、不具体，执行部门无法正确理解，执行时打折扣。

④ 没有预算或预算不准确。有些4S店的经营计划只是提出目标和关键措施，而没有进行相应的费用预算，导致执行部门在执行计划时没有得到资金和必要的资源支持。有些4S店的预算是依据上年度的费用情况进行重新调整，没有依据经营措施来预算；有些4S店的预算只是为了得到经费而随意编制的活动计划和经费要求。

⑤ 执行计划的责任和考核评估制度不明确或不公平，使员工丧失执行计划的意愿。经营目标没有分解到部门和个人，或者执行行动计划的职责没有明确规定，或者行动计划的执行没有与个人的绩效考核标准挂钩，导致人员或责任部门互相推诿。

⑥ 目标分解不完全。例如没有将目标分解到每月甚至每星期，没有按车型和产品类别分解，导致过程业绩检视缺乏依据。

⑦ 目标和计划修正不及时。由于外部环境的变化太大，目标和计划没有及时评审和修正，导致目标和计划本身失去合理性，没有执行的价值。

2.3 4S店年度经营计划的基本内容

一个完整的年度经营计划应包括的基本内容如表2-1所示。

表2-1 年度经营计划应包括的基本内容

框架构成	内容	目的
经营方针概述	概述4S店的使命、愿景和经营方针，阐述制定本计划的主体目标、意图及拟实施的策略	使各部门迅速了解公司的经营方向
竞争环境分析和营销策略的确定	① 宏观环境趋势。分析政治、经济、法律、金融、人口统计及经济结构和社会文化等各方面发展的新形势和新趋向，分析4S店所在地区及营销范围内的社会经济环境发展的现状及趋向 ② 行业信息。例如分析产品政策、价格政策、财政补贴、税收减免、金融政策、销售政策、限购政策等的影响 ③ 市场形势。分析市场的容量及变化趋势，过去几年的总销量及增长速度，消费需求、消费观念、消费趋势和购买行为的变化趋势等 ④ 竞争状况。辨识主要的竞争品牌、产品和竞争对手，分析其规模、目标、市场份额、产品、战略发展趋向、技术水平以及实力、营销策略、销售政策等，恰当了解其意图，以确定可能对本经销商的影响 ⑤ 产品形势。分析每一主要车型的销售额、价格、收益率，新车型可能上市的情况，调整销售的重点和准备新车型上市的策略 ⑥ 经营能力。分析各销售渠道销售额及每个渠道上变化的重要性，以及财务安排的可能影响。应特别注意分支机构和销售人员数量和能力的变化 ⑦ 目标客户特征分析。对上年度的客户数据进行统计，分析每种车型客户在性别、年龄、职业、职位、收入、学历、消费习惯、消费区域等方面的变化	提供与市场、产品、竞争、销售和宏观环境有关的数据

续表

框架构成	内容	目的
SWOT[①]分析	① 优势/劣势分析。分析企业内部因素，识别4S店在盈利能力、资本实力、人力资源、管理能力等方面的优势和劣势，明确需要加以改进的不足之处和对应的改善措施 ② 机会/威胁分析。根据经营分析辨识影响企业发展的外部因素，将其划分为机会和威胁，对一些较重要的问题要引起足够的重视，必要时确定相应的对策	概述主要机会和威胁、优势和劣势以及计划中要处理的问题
确定业绩和客户目标	通过以上综合分析，明确这些影响因素对4S店经营结果的影响程度和相应市场策略。在分析销售和售后服务数据的基础上，结合厂家销售政策与年度销售和售后服务任务，做出经营目标决策，建立财务目标和客户目标，包括新年度的销量、增值服务、维修台次、产值、利润、市场占有率、客户保有量、客户满意度、客户流失率、客户转介绍率等	确定要达到的销量、市场份额和利润等领域的目标
确定管理目标	管理目标包括内部运营过程目标和人力资源目标等。内部运营目标包括客户留档率、试乘试驾率、客户跟踪率、客户再回展厅率、成交率、销售溢价率等；人力资源目标包括员工满意度、员工流失率、合格人员配置率、员工培训合格率、培训计划完成率等	确定要达到的过程管理目标
关键措施	关键措施是确定的实现经营目标的关键途径或方法。关键措施的主要内容包括产品定位、产品组合、价格政策、销售网点、营销策略、市场推广、广告促销、网络营销、人员配备、服务水平和管理能力提升等	确定为实现计划目标而采用的关键措施
行动方案	详细描述关键措施的各个要素，阐明行动内容、时间安排、责任部门及费用安排等，逐项列出全年行动方案的名称、内容、时间、主管人、预计费用、负责部门及人员、监视点和监控指标等	具体部署行动的内容主体、时间和成本
利润预算	制定预计损益表，收入方列出预计销售数量和平均实现价格；支出方列出实体分销成本和营销费用。收支差即为预计利润	概述计划所预期的财务收益情况
监督和控制措施	阐明监督控制计划实施的标准、方式和方法，这里应包括有关保障措施及应变计划。目标和预算一般按月、季、年度制定，这是每期进行审查、监督的依据	说明将如何实施监控计划

① 优势（Strength）、劣势（Weakness）、机会（Opportunity）、威胁（Threat）。

2.4 年度经营计划编制的基本步骤和流程

4S店年度经营计划编制步骤和流程如图2-1所示。

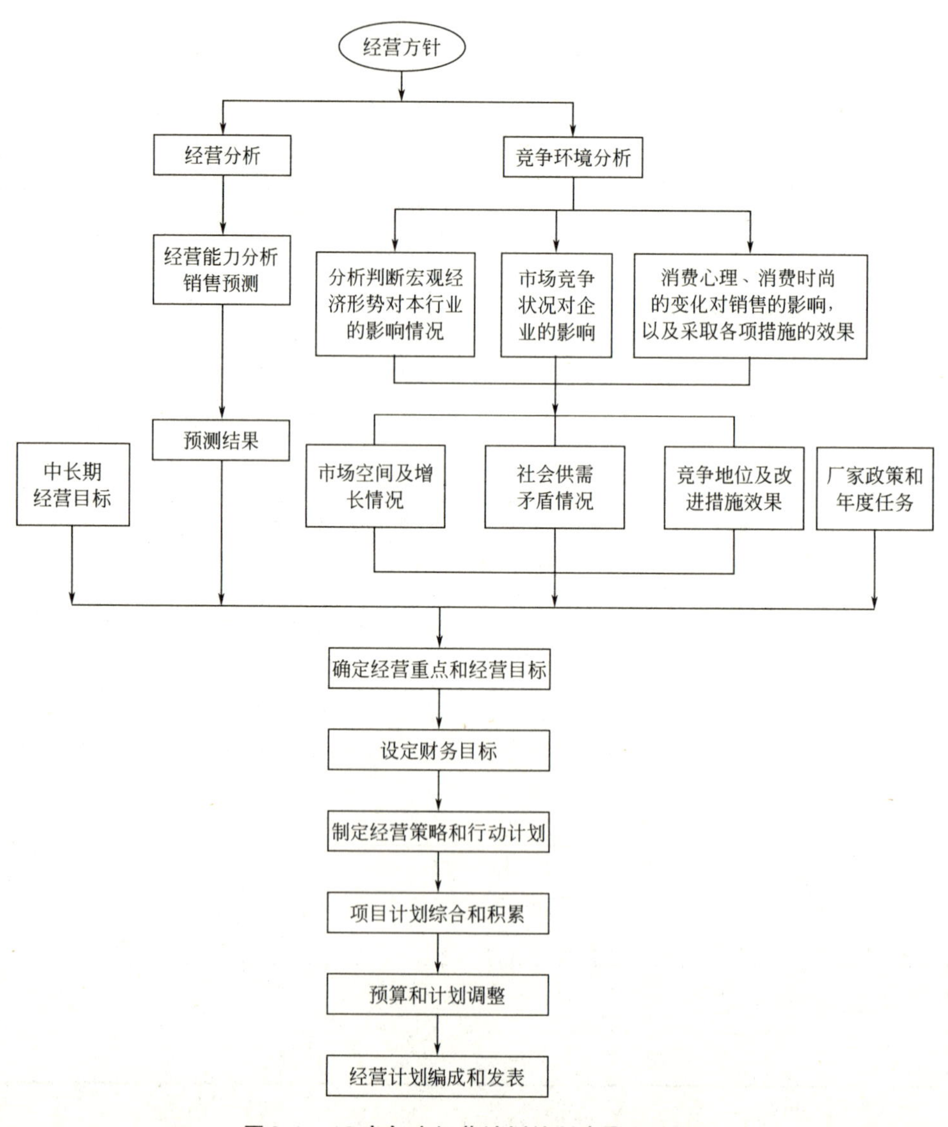

图2-1 4S店年度经营计划编制步骤和流程

2.5 指导年度经营计划编制成功的原则

（1）领导主导，强调组织

① 年度经营计划的编制和实施是一项复杂、系统和长期的工作，需要各级领导以身作则，锲而不舍，共同维护经营计划的权威性和严肃性。

② 必须明确各级部门和人员实施与监督的责任。

（2）全员参与，强调销售

① 所有部门、个人都必须参与相关的经营计划编制和预算，并对自身的目标做出承诺。

② 重点是销售部门和售后服务部门的经营计划和预算，重要的是其对公司的目标做出承诺。

（3）层层分解，强调量化

① 经营计划和预算编制过程是充分沟通、协商的过程，务必使各部门和人员理解目标和指标的含义。

② 目标要按时间、车型和产品类别层层分解到部门和个人，并让承担责任的部门和个人做出承诺。

③ 这种承诺不是空口的承诺，而是要有量化的目标与行动措施。

（4）层层互动，强调结果

① 充分激发员工的内在积极性，上下互动，使每一层的计划都具有高目标、高质量、高可行性。

② 所有的行动措施都要指向具体的目标，措施必须支撑目标的实现。

2.6 年度经营计划编制的职责

年度经营计划编制是一个从上到下分解目标、从下到上制定行动计划的过程，因而必须确保年度经营计划的编制过程具有良好的组织和责任落实，以及高层与各级部门的良好互动。

（1）总经理

① 在公司每财政年度到来前三个月，确定下年度经营目标和发展战略要求，成立年度计划编制小组，组织年度经营预算计划的编制。

② 负责公司整体战略的贯彻及公司业绩期望目标的上下一致。

③ 审查和确保关键措施的切实可行并支撑目标的实现。

④ 下达经营预算编制的指导思想和具体要求。

⑤ 批准各部门的行动计划和预算。

⑥ 编制公司年度经营计划。

（2）销售部、市场部

① 进行前期市场调查和宏观预测。

② 与公司高层进行相关市场分析和预测，提出初步设想，上下相互反馈。

③ 初步提出公司的年度销售目标，以及实现目标的关键措施和市场活动计划。

④ 编制销售预算和市场活动经费预算。

⑤ 将年度销售目标按时间、部门和产品类别三维结构进行分解。

（3）售后部

① 进行售后数据的前期收集整理和宏观预测。

② 与公司高层进行相关市场分析和预测，提出初步设想，上下相互反馈。

③ 初步提出公司的年度售后服务产值目标和维修台次目标，以及实现目标的关键措施。

④ 编制售后服务产值预算、配件库存预算、设施设备维护计划和预算。

⑤ 负责年度售后服务目标的分解。

（4）财务部

① 提供公司财务目标、相关年度财务数据，并针对当年经营目标提供财务分析和要求。

② 汇总各部门预算，并编制年度公司财务预算。

（5）客户关爱部

① 统计和分析客户满意度状况、客户投诉状况和客户流失状况，提出年度客户满意度提升计划，并与相关部门沟通。

② 提出公司年度客户满意度目标，以及实现目标的关键措施。

③ 编制年度客户关系维护计划、客户关爱活动计划、展厅和售后客户接待区域的硬件维护计划，编制相应的预算。

④ 分解客户满意度目标。

（6）人事行政部

① 编制公司人力资源规划和招聘计划。

② 编制员工培训计划。

③ 编制人员招聘和培训预算。

④ 编制人员薪资预算。

（7）其他各职能部门

根据年度经营目标和关键措施的要求，各部门将目标与相关人员充分沟通，将目标分解到人，确定目标个人额，制定具体的行动计划，并做出相应的财务预算。销售目标的分配按产品、地区、部门、人员、客户、时间分解。各部门的经营计划编制工作于每个财政年度开始前两个月开始。

2.7 年度经营计划的编制

2.7.1 4S店经营方针的描述

4S店的经营方针是4S店的最高经营管理者在经营方面总的宗旨和意图，是4S店的组织使命和企业愿景在经营上的表达，也是4S店在经营上必须遵循的经营原则。企业的经营方针影响4S店经营的价值观和行为方式，是4S店制定年度经营计划必须遵循的基本准则。

组织的目标来自于组织的使命。使命就是组织回答“我是谁，我要成为什么”，它是组织存在的理由。一个好的使命足以让它的员工为它不懈地努力。一个4S店的使命究竟是什么？在笔者考察过的几十家4S店中，部分老板认为4S店的使命就是替老板赚钱，完成厂家的销售任务，维护厂家的品牌形象。也有部分有远见卓识的老板认为，4S店的使命是建立一个服务品牌，让4S店成为百年老店，方便客户，服务社会。

使命的不同，导致4S店的阶段性目标不同，也导致员工的工作态度和行为方式完全不同。例如，如果一家4S店的使命只是赚钱的话，很难想象管理者会在客户满意度等方面舍得投资，特别是当4S店与客户发生利益冲突的时候；另外一家4S店提出了“建立一个服务品牌卓越的百年老店”的使命和“成为受社会尊敬的销售服务机构”的企业愿景，这家4S店在发生与客户的利益冲突时，经常能够站在客户的角度思考问题。当然，这两家4S店在处理员工关系时所采取的计划和措施也是截然不同的。

2.7.2 4S店的经营能力分析和销售预测

（1）经营能力分析

一家企业的经营能力分析包括经营分析、经营活动分析和事业分析三个方面，其中经营分析包括对安全性、收益性、循环性、成长性和创造性五方面进行评估，经营活动分析一般从经营管理者的素质、生产能力、营销能力、管理系统和组织结构进行分析，而事业分析主要是企业的收益性分析和成长性分析。对于4S店而言，制定年度经营计划所进行的经营能力分析主要集中在管理者的能力、组织结构、人员能力和人员配置、市场能力、销售能力和业务流程管理能力等方面的评估，以及在流动资金充足性、经营资本利润率、经营资金周转率等方面的评估。通过经营要素的分析，4S店能够找出自己的优势和弱势，筛选出问题点，对自己的竞争能力和经营情况有一个清晰的判断，从而也能够明确未来努力的方向，并对未来销售预测进行调整。本书对4S店的经营能力分析不展开讨论。

（2）销售预测

销售预测是销售目标确定的基础，也是4S店年度经营目标确定的基础。本小节重点介绍一些销量的预测方法，供参考。当然，任何预测都有偏差，所以需要在综合考虑4S店内、外部环境的影响情况后对预测的结果进行修正。

① 估计市场总容量、分析市场占有率

a. 市场总容量估计见表2-2。

表2-2 市场总容量估计

车型或类别： 调查区域： 调查时间：

项 目	时 间						说 明
	年	年	年	年	年	年	
总人口							
消费群体占总人口比例							
居民存款调查							
消费群体购买力总和							
替代品或相关产品销售情况							
区域内市场总容量							
竞争对手销售情况							
本店历史销售情况							
市场占有率情况							
经济景气趋向							
竞争关系发展趋势							
本店销售策略建议							

b. 市场相对占有率分析见表2-3。

表2-3 市场相对占有率分析

车型或类别： 调查区域： 调查时间：

项 目	过去三年分析			未来三年预测			说 明
	年	年	年	年	年	年	
区域内该产品及竞品的总销量① =②							
其中：品牌甲							
品牌乙							
品牌丙							
品牌丁							

续表

项目	过去三年分析			未来三年预测			说明
	年	年	年	年	年	年	
……							
合计②							
本店经营品牌在该区域内的销量③							
本店市场占有率④ =③ ÷① ×100%							
本店销售策略建议							

c. 市场绝对占有率分析见表2-4。

表2-4 市场绝对占有率分析

车型或类别： 调查区域： 调查时间：

项目	过去三年分析			未来三年预测			说明
	年	年	年	年	年	年	
区域内该产品的总销量① =Σ② +③							
品牌甲销量②							
品牌乙销量②							
品牌丙销量②							
……							
本店经营品牌在该区域内的销量③							
本店市场占有率④ =③ ÷① ×100%							
本店销售策略建议							

市场占有率的数据经常可以从当地的车管部门获得。

② 用市场占有率预估的结果预测销量　通过对当地市场总容量、市场绝对占有率和市场相对占有率的分析，基本可以根据过去三年的市场占有率估计本店未来的销量。

$$销量=市场总容量\times市场占有率$$

但得出的销量是过去本店与其他品牌经销商对比的销量，具有静态的特点。由于经销商销量对比一直在不断变化之中，因此销量目标要根据分析的结果进行预测。

③ 根据销售成长率确定销售目标值

$$成长率=今年销售实绩/去年销售实绩\times 100\%$$

$$下年度销售数量=今年销售实绩\times 成长率$$

这种预测方法非常简单，但由于成长率实际受宏观经济形势等因素的影响比较明显，成长率的计算误差也比较大。

④ 根据市场扩大率（或实质成长率）确定销售目标值

$$市场扩大率=今年市场占有率/去年市场占有率\times 100\%$$

$$实质成长率=本企业成长率/业界成长率\times 100\%$$

$$下年度销售数量=今年销售实绩\times 市场扩大率（或实质成长率）$$

⑤ 根据损益平衡点公式确定销售目标值　销售收入等于销售成本时，就达到了损益平衡。

$$固定成本（F）=销售收入（\chi）\times[1-变动成本率（v）]$$

$$损益平衡点上的销售收入（\chi_0）=固定成本/（1-变动成本率）$$

在损益平衡分析上，成本的区分相当重要，采用的方法有个别法、二期间法、目测法和最小平方法等，均可达到分析成本的目的。而求其成本线，最实际且最常用的方法就是个别法。个别法就是个别检查各成本项目，借以区分变动成本与固定成本的方法。个别法中粗分为变动成本与固定成本，然后再个别求算其合计数，最后用“销售收入”除以“变动成本总额”，求得变动成本率。

$$纯益=（盈余分派+保留盈余+奖金赏予）/（1-税率）$$

当决定纯益目标之后，再将该值加入损益平衡点公式中，求出销售收入的目标值。

$$销售收入目标值（\chi_R）=[固定成本（F）+纯益目标（R）]/（1-变动成本率）$$

⑥ 根据消费者购买力确定销售目标值　本方法是估计4S店营业范围内的消费者购买力，用以预测销售额的方法。首先需要设定一个营业范围，并调查该范围内的人口数、户数、所得额及消费支出额，另外再调查该范围内的4S店数量及其平均购买力。

⑦ 根据销售顾问申报确定销售目标值　这是逐级累积销售顾问的申报，借以求算企业销售目标值的方法。由于销售顾问最了解自己的销售情况，所以，通过他们的估计而申报的销售数量必然是最能反映当前状况

的，而且是最有可能实现的销售。如果销售顾问的总预测值与经营者的预测一致的话，那么数据最为理想。

采用本法时，务必注意下列两点。

a. 申报时尽量避免过分保守或夸大。预估销量时，销售人员往往产生过分夸大或极端保守的情形。此时，应要求申报人员依自己的能力申报“可能”实现的销量。身为第一线领导者的销售经理务必使销售人员要明白这一点。

b. 逐级检查和核实申报内容。第一线销售管理者在申报过程中除应避免过分夸大或保守外，还需检查所申报内容的适宜性，观察申报内容是否符合预期趋势以及能否满足市场购买力的需求。

销售顾问意见推测法模板见表2-5。

表2-5 销售顾问意见推测法模板

销售顾问	预测项目	销量	出现概率	销量×出现概率
A	最高销量	200	0.3	60
	最可能销量	160	0.5	80
	最低销量	100	0.2	20
	期望值			160
B	最高销量	200	0.2	40
	最可能销量	140	0.5	70
	最低售量	80	0.3	24
	期望值			134
C	最高销量	180	0.2	36
	最可能销量	120	0.6	72
	最低售量	80	0.2	16
	期望值			124
……	……			

⑧ 直接将厂家下达的年销售任务调整为预设销售目标　一般来讲，4S店下年度的销售预测应在厂家预算各经销商下年度销售任务之前完成，以便可以在厂家确定下年度任务时与厂家良好地沟通，使厂家下达的任务更加能考虑经销商的实际情况。

在厂家下达新年度的4S店销售任务后，4S店将厂家下达的销售任务乘以一个挑战系数直接作为4S店的年度销售目标。

这种方法十分简单，为众多4S店所采用。但这种方法也很容易丧失4S店对市场的调查和对市场的判断力，且减少了4S店超常规发展的可能性。

（3）年销售目标预测修正

综合各种年度销量的预测结果，再考虑国家的宏观经济因素、政治因素和行业竞争状况因素等，可以使用年销售目标预测表（表2-6）、月车型销售预测表（表2-7）和分支机构/网点销售预测表（表2-8）对销量的预测结果进行必要的修正。

表2-6　年销售目标预测表

车型：　　　　　　　　　　　　预测区域：　　　　　　　　　　　　预测时间：

项　目			乐观估计	一般水平	保守估计	备注
区域内市场总容量						
本店市场占有率						
本店销售目标初步估计						
影响因素修正	宏观经济因素	1				
		2				
	政治因素	1				
		2				
	行业竞争	1				
		2				
	产品生命周期	1				
		2				
	市场生命周期	1				
		2				
	其他	1				
		2				
修正目标						
策略建议						

表2-7 月车型销售预测表

月份：

车型			去年同月				月计划			
			销量/台	构成比/%	销售额/万元	构成比/%	销量/台	构成比/%	销售额/万元	构成比/%
月间总销售额	畅销车型	小计								
		1								
		2								
		……								
	高利润率车型	小计								
		1								
		2								
		……								
	销售、利润率均不佳的车型	小计								
		1								
		2								
		3								
		……								
	总计									

表2-8 分支机构/网点销售预测表

月份：

单位	网点		去年同月				月计划			
			销量/台	构成比/%	销售额/万元	构成比/%	销量/台	构成比/%	销售额/万元	构成比/%
本部	大客户	1								
		2								
		……								
	小计									
	展厅	1								
		2								
		……								

续表

单位	网点	去年同月				月计划			
		销量/台	构成比/%	销售额/万元	构成比/%	销量/台	构成比/%	销售额/万元	构成比/%
本部	小计								
	网络销售								
	合计								
销售网点	1								
	2								
	3								
	4								
	5								
	6								
	……								
	小计								
	其他								
	合计								

（4）售后服务业务的预测与目标

与对整车销售和相关的金融、保险、装潢、二手车等增值服务销售的预测不同，对售后服务业务的预测要容易得多，预测的结果会更加接近于实际的情况。

影响售后维修产值的因素主要有维修台次和维修单价。决定维修台次的因素有4S店拥有的基盘活跃客户数量、客户流失率、与新车销售数量相关的新增客户数量和每客户年平均进店维修次数。决定维修单价的因素有零配件的成本价及加价率和增值税、维修工时费、附件附加销售单价。为简化计算，工时费的整体估算通常用销售的零配件总值乘以某个比例系数（如0.35，因品牌不同而异）获得。除新车销售数量要与下年度的销售任务进行预测外，其余参数都可以通过对上年度的售后服务数据进行统计获得。

年维修产值的预测计算公式为

年维修产值=年维修台次×平均维修单价=[基盘活跃客户数量×(1–客户流失率)+新增销售客户数量]×每车年平均进店维修次数×平均维修单价

提高年度维修产值方法如下：提高客户满意度，稳固和扩大基盘客户数量；减少客户流失，降低客户流失率；增加新车销售数量；增加每车年平均进店次数；提高维修单价，包括提高零配件价格、提高工时费、增加附件销售、提高增项维修成功率及其他增值服务，如续保和延保等；加强与保险公司及相关机构的合作，增加事故车等高产值维修数量。其中提高维修单价可能降低客户满意度、增加客户流失数量和减少客户进店次数，因而要控制在合适的限度内。

2.7.3 经营环境分析

4S店的经营受到经营环境的巨大影响。例如2008年的全球性金融危机就使众多4S店的经营陷入困境。而其后国家出台的4万亿刺激经济发展的措施和政府为扶持汽车市场发展出台的汽车购置税减免政策，极大地促进了汽车市场的发展，4S店行业进入一段时间的繁荣期；后来一些城市的限购政策、国家购置税优惠政策的变化等也使汽车销售市场发生了很大的变化。因此，4S店只有正确把握经济社会的发展趋势，正确认识和判断所处的竞争环境和经营条件，才能及早适应宏观趋势的变化，引导企业规避风险和建立竞争优势。

一般，4S店在编制年度经营计划前必须收集的经营竞争环境信息的范围如图2-2所示。

制定年度经营计划既是4S店确定经营目标的过程，也是确定实现目标的行动计划和预算的过程。经营目标是否合理取决于其是否确实可行、是否具有前瞻性和挑战性以及4S店是否能够支撑确定的实现目标的行动计划。

行动计划是实现目标的行动安排。没有目标的行动计划是无意义的行动计划，同时也是浪费资源的行动计划。同样，有目标但没有实现目标的行动计划，或者行动计划能够实现确定的目标但缺乏足够的资源支持，这样的行动计划也同样是无意义的。

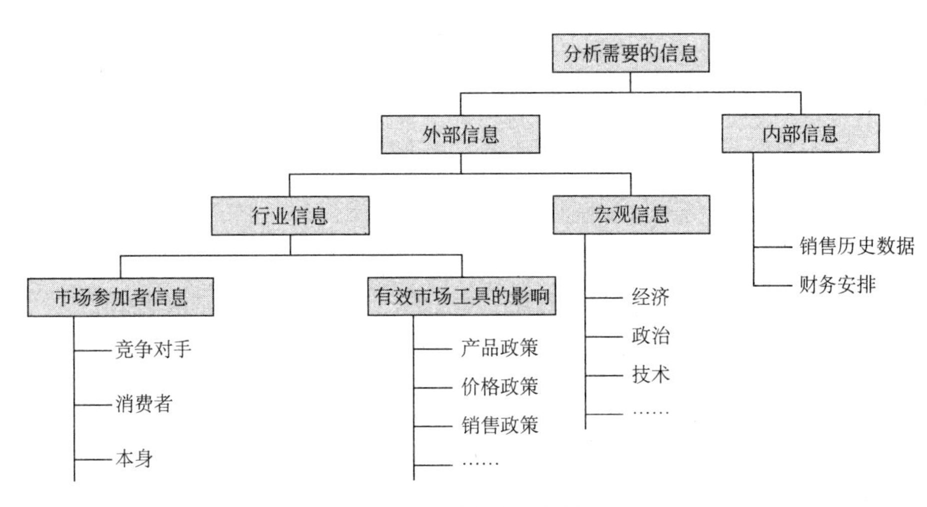

图2-2　经营竞争环境信息

合理的目标是基于对历史数据、竞争对手和形势分析的结果，而目标对应的行动计划也应当是基于以上分析的结果。目前支持这种分析的最有效和普遍使用的方法是SWOT分析方法，如图2-3所示。

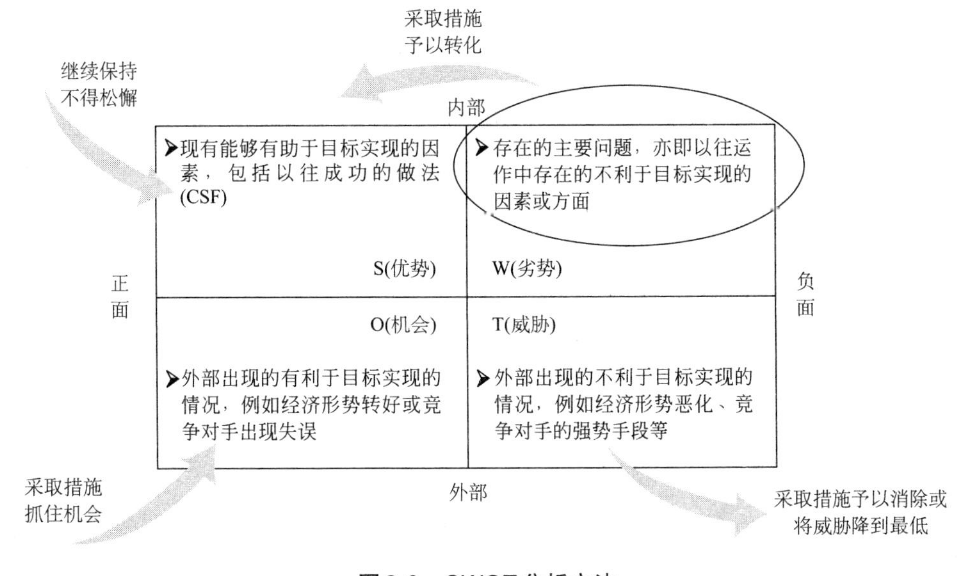

图2-3　SWOT分析方法

现阶段4S店所面临的内部和外部环境比以往任何时候要复杂得多。外部环境主要有以下几方面（供参考）。

① 中美贸易战形成的关税增加导致汽车制造成本的增加，从美国进口的汽车成本增加，消费者因贸易战产生的危机感对购车消费转向保守。

② 国内汽车产能过剩导致汽车市场竞争无序，4S店面对的竞争对手已经不再局限于同级别和同价位车型与品牌，例如高端品牌产品线下沉和国产品牌产品力提升造成市场竞争更加完全，中端车型竞争惨烈。

③ 新能源汽车的生产和销售得到国家政策的扶持和鼓励，促进新能源汽车销售增长，特别是在京津冀、长三角和珠三角等经济密集型地区情况更是这样。

④ 国家对燃油汽车升标以及对燃油汽车的禁售政策展望促使消费者持币观望，已经有汽车经销集团开始大规模收缩燃油汽车4S店规模，转而尝试扩大新能源汽车4S店规模。

⑤ 新媒体营销对4S店销售方式产生的影响。

⑥ 银行基于4S店经营风险增加的金融政策调整导致4S店融资难度和融资成本增加。

⑦ 国家经济增长放慢造成消费者购买能力下降和购买欲望下降。

⑧ 4S店上级经销集团给4S店提供的条件和限制。

内部环境各个4S店情况有较大的差异，例如组织机构和人员配置、人员能力、企业文化、资金和经营设施、地理位置、流程能力、价格政策、市场拓展能力、新媒体营销能力、激励政策、财务能力、相关方合作能力等。

外部环境分析帮助4S店分析和检查所确定和实行的目标、政策、管理流程、组织机构设置和人员配置是否能够因应外部环境的变化、经营方向是否需要进行调整、资源的配置是否合理和是否需要重新整合等。外部环境分析往往能够帮助4S店从宏观上找到威胁和机会。而内部环境分析除分析日常运作是否有高效率和能够适应经营目标外，更多需要与竞争对手甚至标杆经销商进行比较，通过比较了解4S店的强项和弱项，以及需要通过什么样的调整以获得比较优势。

2.7.4 销售计划和战略重点的确定

年度经营计划是以产品销售和售后产值为主线的计划。公司的一切工作都要以销售和售后产值为中心，为销量和售后产值服务。

销售目标是在销售预测的基础上建立的。销售预测是年度经营计划编制工作的起点。总经理在销售预测的基础上提出年度销售的期望值，再由销售部将目标按机构（网点）、车型和其他销售项目、时间进行分解，展厅再将店本部的目标分解至每个销售顾问。

本小节以新车销售为例介绍如何确定销售计划，其他销售项目例如二手车置换、精品附件销售、保险销售等销售业务的销售计划可以类似展开。

（1）确定销售重点和主推产品

根据上年度各车型对4S店销量、销售额和利润的贡献，确定销售和市场推广的战略重点。年度销售情况分析见表2-9。

根据表2-9提供的信息，利用波士顿矩阵对销售的产品进行分类，确定重点批售、零售和推广的车型。其中，各类产品的分布比例和销售策略（图2-4）如下。

① 明星产品（占10%～20%） 主推车型，获取高份额和高回报。

② 金牛产品（占40%～60%）

a. 从明星产品转化而来，尽量多卖，获取高份额和高回报，有部分即将转化为瘦狗车型。

b. 尽量延长金牛产品销售周期。

③ 问题产品（占10%～20%） 多为新上市车型，要大力推广，尽快转化为明星产品。

④ 瘦狗产品（占10%～20%） 自然销售，不必花力气推销，等待自然淘汰。

表 2-9 ____年度销售情况分析

车型	1月		2月		3月		4月		5月		6月		7月		8月		9月		10月		11月		12月		合计		利润	贡献/%		
	数量	金额	数量	金额	数量	金额	数量	金额	数量	金额	数量	金额	数量	金额	数量	金额	数量	金额	数量	金额	数量	金额	数量	金额	数量	金额		数量	金额	利润
B2																														
3000																														
PASSAT																														
POLO																														
GOL																														
TOURAN																														
合计																														
销售顾问																														
大客户																														
合计																														

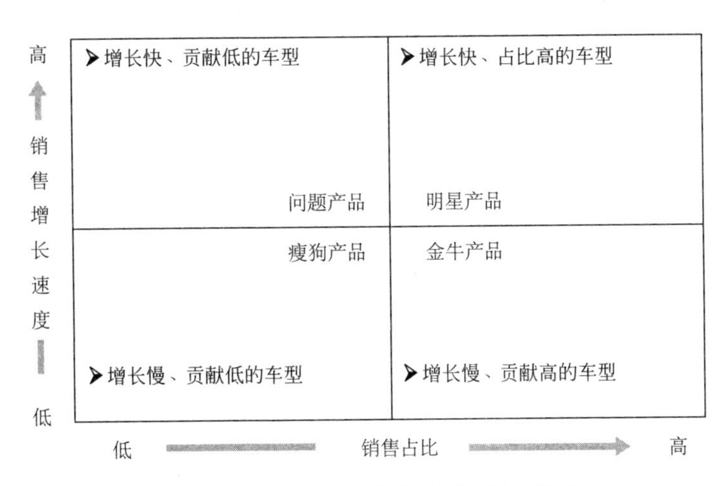

图2-4　各类产品的分布比例和销售策略

(2) 初步确定销售目标

4S店在确定了销售重点之后，根据修正的销售预测，可以确定下年度的销售目标。销售目标必须按品种、销售单位和月份的销售数量来表达。

① 将销售目标分解到个人　见表2-10。

表2-10　展厅销售计划分析　　单位：台

销售顾问	年度销售目标	1月	2月	……	11月	12月
合计						

② 形成年度销售计划　根据以上分析，将初步确定的年度销售目标分解至车型、时间和销售单位及销售顾问，形成4S店全年的销售计划，见表2-11。

表2-11 ______年度销售计划

项目	1月	2月	3月	4月	5月	6月	7月	8月	9月	10月	11月	12月	合计
B2													
3000													
PASSAT													
POLO													
GOL													
TOURAN													
合计													
销售顾问													
合计													

填表人： 填表日期： 总经理审核：

2.7.5 经营重点

可以从下述四个方面考虑确定下一年度的经营重点。

（1）经营能力分析结果

通过经营能力分析，4S店明确自身的优势和弱势，总结4S店的经营成功因素，了解4S店存在的问题和改善重点。例如，通过分析发现客户的流失率超过预期，客户流失成为4S店增加产值的主要问题，那么下一年度的改善重点可能就是提高客户满意度和忠诚度。改善的重点可能是多方面的，例如在营销能力、人力资源配置、业务流程建设等方面。

（2）销售目标和产品结构

销售目标和产品结构决定了4S店的资源需求规模、营销方向和营销重点。

（3）经营环境分析结果

通过经营环境分析，4S店预测经营环境变化的主要因素，识别出下一年度可能的发展机会和威胁。根据分析的结果，4S店提出相应的对策，制定下年度的经营策略，以有准备的状态把握发展机会，转化可能的威胁。

（4）4S店的使命、愿景和中长期发展目标

4S店的年度经营计划是其中长期发展规划的阶段发展计划，年度经营计划的目标是中长期发展目标的一部分，年度经营计划的目标必须朝着4S店总体目标的方向。

4S店的年度经营重点为年度经营目标的制定提供了一个基本框架。

2.7.6 经营目标

（1）经营目标的维度

经营目标是组织实践使命的阶段目标。经营目标有长期、中期和短期之分，其中后者经常是前者的一部分。年度经营目标就是组织以一年为单位的阶段性目标，是组织中长期目标的一部分。任何一个组织，如果没有明确的使命和目标，就会在征途中迷失。

4S店的经营目标，必须通过量化的运营指标来表达。4S店必须确定可以衡量其经营目标状态的指标，然后再确定这些指标要到达的程度。所有运营指标被期望到达的程度就是4S店的经营目标。

每个4S店可以有与众不同的经营目标。但就期望可持续发展的4S店而言，其经营目标应遵循平衡计分卡原理。依据平衡计分卡原理，一套完整的和健康的、由企业愿景和战略所展开的4S店经营目标应包括四个维度，即财务指标、客户指标、运营过程指标和员工成长指标，如图2-5所示。

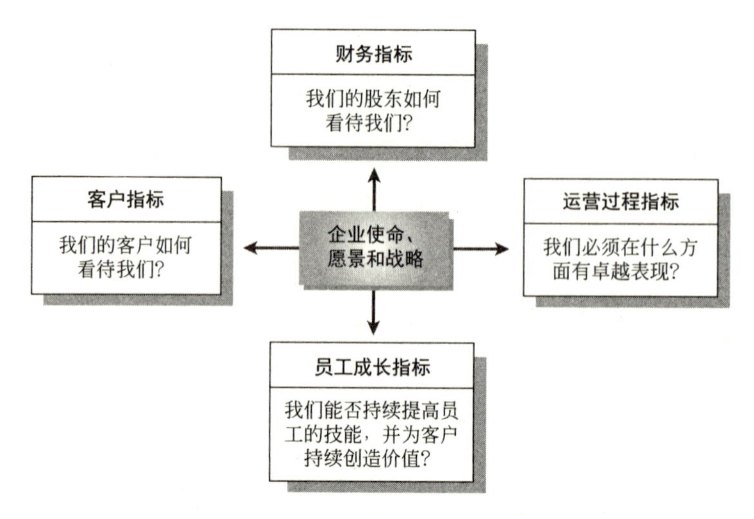

图2-5　4S店经营目标的四个维度

① 财务指标　4S店的投资者，投资目的是获得合理的利润回报，而且，投资者不仅期望今年得到合理的回报，还期望明年、今后的每一年都能够得到稳定的、合理的回报。所以，财务指标是4S店的首要经营指标。财务指标包括销量、销售收入、售后服务产值、利润、利润率、各项费用支出、资产收益率、投资回报率等。财务指标状况表明4S店的运营结果。其中销量和销售收入及售后服务产值是最重要的财务指标，是4S店利润的来源。这就是为什么我们在制定年度经营计划时要围绕着销量目标展开的缘故。

② 客户指标　稳定的销售收入来自于稳定的销量和维修业务量，而稳定的销量和维修业务量来自于稳定的客户流量和稳定的客户基盘，客户是4S店生存的基础。为此，4S店必须了解客户当前和未来的需求，并采取措施以满足客户需求和超越客户期望。客户指标包括客户满意度、客户忠诚度、客户保有量、客户流失率、客户重复购买率、客户转介绍率、客户流量状况等，因此客户指标既是经营结果指标，又是最重要的经营过程指标。

③ 运营过程指标　服务是一种复杂的交互、沟通和情感体验过程，服务过程难以度量，管理过程也一样。对服务和管理过程的分解和程序化既有助于执行人员弥补技能和技巧不足的缺陷，帮助执行人员及时发现不足和改正错误，同时又使4S店能够通过对服务流程或管理过程的各个环

节设置流程的执行结果指标，对服务过程和管理过程进行检视和评价，以控制过程及其结果的实现程度。对一个过程的评价，首先是评价该过程是否对财务指标和客户指标有贡献，其次是评价过程的执行效率和执行效果。运营过程指标支持财务指标和客户指标的实现。销售过程指标经常包括客户留档率、试乘试驾率、客户跟踪率、客户再回展厅率、成交率、有望客户转化率、单车溢价率、网络客户跟踪率、网络客户成交率等；市场开发过程指标经常包括客流与目标客户特征的契合率、市场活动计划与销售目标的配合度、市场活动目标达成率、市场活动集客单价等；售后服务过程指标经常包括平均接车时间、维修项目准确率（增项率或维修委托书修改率）、维修报价准确率、准时交车率、一次维修合格率、内返率、外返率、库存配件周转率等。

④ 员工成长指标（人员学习和成长指标） 服务过程是一种复杂的、特殊的过程，它具有“覆水难收”的特点，一项服务一旦进行了，不可能因为做不好而重新来一遍。财务指标、客户指标和过程指标的实现，需要执行过程的人员具备相应的素质、态度和技能。人员的素质成了服务质量的关键因素。人员的服务理念、心理愿意和服务技能能否支持过程目标的实现，成了4S店运营中最根本的问题，人员的学习和成长指标自然成为支持内部过程指标、客户指标和财务指标的基础。人员学习和成长指标经常包括人员配置率（到位率）、人员任职要求满足率、培训计划与培训需求契合率、培训计划完成率、人员培训合格率、员工满意度、员工流失率等。

4S店的经营指标之间的关系如图2-6所示。

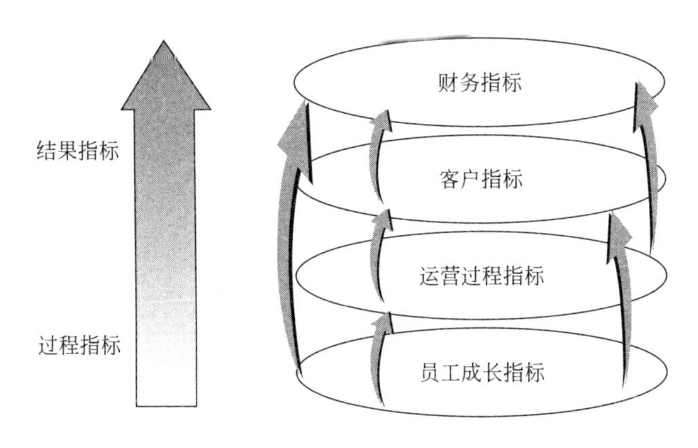

图2-6 4S店的经营指标之间的关系

（2）良好经营目标的特征

① 具体化　一个目标的表达如果笼统和模糊，将会导致相关人员理解不一致甚至误解，此时目标就会失去制定的意义。因而，目标应尽量具体和明确，确保不同的人对同一目标都只能有唯一的理解。例如某4S店的一个经营目标为：2009年的销量达到7200辆，以2009年1月1日至12月31日实际付款的销售车辆计算。这种表达是清楚的，因为实现销售有不同的表达，例如下定金、签订单、开发票、付款、车辆出库等，如不明确以什么阶段作为统计依据，将导致理解不一致。上层的目标越具体，下层分解就越方便和越容易。

② 量化　例如"年销量达到7200辆，销售额144000万元"就是可测量的。量化的目标可以使相关人员清楚目标应实现的程度，它是互相理解的共同基础，也是衡量执行人员业绩的基准。如果不能让目标可测量，就失去了工作衡量和业绩评估的基础，管理者与接受任务的员工就容易对相关工作的评估产生分歧。有些目标看起来难以量化，只能定性描述。但只要对目标的表现特征进行具体描述，将不同的表现用度或级别的形式表示，那么将目标量化也是不难的。例如可以说客户满意度为95%，就是对客户的各种期望加以描述，并根据结果的可能情况赋予一个度的标准，再根据这个标准对过程表现进行度量的结果。不能量化的结果不能作为目标，因为它不可度量。应尽量避免只能定性描述的目标。

③ 具备侵略性　有价值的目标是能够不断自我超越的目标。要使4S店具有竞争力，目标就必须力争超越竞争对手。例如许多4S店把客户满意度要达到某个程度作为年度的目标。有的4S店把目标定义为在所经营的品牌和被厂家划分的区域的排名高低，定这样的目标可能是和自己的历史业绩纵向比较的结果。由于厂家每年都对经销商进行考评，许多经销商就是喜欢与同品牌的其他4S店比，而却忽略了与当地的其他品牌4S店的比较。可是，如果4S店在制定经营目标时能够换一个角度去思考，将目光盯在当地的竞争对手上，并定出领先它们的目标，情况将不一样。只要在当地的行业里领先一步，就足以赢得更多的客户。

④ 有时间期限　必须明确目标实现的时间要求，并以此作为考核和评价的时点。时间的要求同时也是各相关部门和人员配合与协同的基础和

标准。

⑤ 强调结果　过程指标可以作为部门或个人的KPI（关键绩效指标），例如培训计划按时完成率达到100%，但这不能作为4S店的目标。培训的目的是要使员工掌握相关技能或具备相关的意识，其结果反映在客户满意度、销量、一次维修合格率等上面，培训本身不是4S店的目的。

⑥ 具备挑战性　目标必须根据对历史分析的结果产生，并且应高于或等于现状。对目标实现的条件应予分析，确保通过努力可以实现。不能实现的、不切合实际的目标会伤害员工的士气。

2.7.7 关键措施和行动计划

（1）关键措施和行动计划的内容

关键措施和行动计划是实现经营目标的措施和方法，它们比战略更具体。关键措施是完成战略的要点，而行动计划则是完成战略的具体步骤、方法和时间安排。关键措施是行动计划的提纲，并包含于行动计划之中，但有时两者并不能截然分开。

各种目标的合理设定，并不意味着这样的目标就能实现，关键在于必须确定实现目标的关键措施和行动计划，这些计划可能包括以下内容。

① 市场推广策略和广告、促销及市场活动计划。

② 客流量和有望客户开发计划。

③ 网络销售拓展计划。

④ 大客户开发和整车销售计划。

⑤ 增值服务（金融、保险、装潢、二手车置换、附件、精品）销售计划。

⑥ 售后服务和配件销售计划。

⑦ 服务质量和客户满意度［整车销售过程满意度（SSI）、售后服务过程满意度（CSI）］提升计划。

⑧ 人员技能提升计划。

⑨ 流失客户、定保客户招揽计划。

⑩ 客户忠诚度培养计划等。

（2）关键措施和行动计划的表达方式

① 就如何达成目标提出具体的行动措施。在确定目标时，参考历史实绩是依据的一个方面，更重要的是必须挖掘这些实绩成功和失败背后的原因，以及当时采取的措施和方法，总结企业的成功因素和失败原因，结合新的目标，提出目标成功实现的条件、关键措施和具体的行动计划。关键措施的确定需要通过相关部门充分沟通和讨论，确保它们可以支撑目标的实现，也确保相关部门对关键措施的充分理解，以及对配合时机的准确把握。关键措施一般由公司的高层提出。

目标的制定首先是个自上而下的过程，但行动计划的提出却往往是自下而上的过程。行动计划由目标的承担单位或人员提出，上、下级经过充分讨论后确定。关键措施为行动计划的制定提供了思路和框架。关键措施和行动计划的制定同时考虑了资源（时间、人员、资金）的配合要求，当然也涉及公司的资源分配问题，因而可能导致目标的修订。

如果说关键措施是对企业历史成功经验和成功因素的总结以及应对新情况的成功要点，那么行动计划就是将这些关键措施实施的方案。关键措施一般是管理层经过总结和讨论提出，而行动计划则必须由关键措施的执行人提出，这样行动计划才是执行人自己的计划，执行人才会有最大的执行动机和责任感。管理层应把握关键措施和行动计划的分界点，不要主导行动计划的制定过程，既要参与计划，又要超越计划，这样才能使计划成功。

② 确定实施关键措施的具体步骤、实施时间和成果标志。确定实施关键措施的具体方法、活动过程和步骤、实施时间和成果标志，使它成为一个行动计划。为使关键措施能够顺利实施，应将具体的方法、过程和步骤列出，并确定各项活动实施的起止时间以及活动阶段结束时的成果标志。在确定活动步骤时，应充分考虑各项活动的时间顺序以及各项活动之间可能的联锁或关联关系。

明确各项措施和行动的步骤、时间和成果标志，不仅方便执行者的执行，也为业绩跟踪和检视以及绩效考核提供了标准或依据。

③ 确定关键措施和行动计划实施所需的资源需求。不明确资源需求，将可能使措施的执行人陷入进退两难的境地，也可能让措施和计划形同虚

设。明确资源需求，不仅为有效的财务预算打下基础，也使向目标的承担人员充分授权成为可能。授权不是简单的口头的或漫无边际的承诺，授权必须有明确的资源调配权限。

④ 确定关键行动措施的实施负责人。明确关键措施和行动计划实施负责人，落实各项措施的责任。

（3）关键措施和行动计划的模板

关键措施和行动计划表见表2-12。

表2-12 关键措施和行动计划表

目标																		
关键措施	行动计划	进度												费用预算/万元	责任人	配合人员	监控指标	备注
		1月	2月	3月	4月	5月	6月	7月	8月	9月	10月	11月	12月					
关键措施1	1																	
	2																	
	3																	
	……																	
关键措施2	1																	
	2																	
	3																	
	……																	

2.7.8 市场推广计划的制定

（1）客流量需求分析

展厅销售目标能否实现，关键点在于展厅温度的营造，换句话说，展厅符合目标客户群特征的客流量情况决定了销售的情况。展厅客流包括自然客流和通过市场活动拓展的客流，其中自然客流包括路过的客户数和老客户转介绍的客户数，而拓展的客流是通过市场活动、促销活动、广告、网络营销等手段吸引到展厅的客户数，后者需要4S店通过策划和付出一定代价获得。

4S店要以合理的代价确保实现销售目标所需要的客流量，就必须对展厅客流量的历史数据进行分析，以确定必须通过拓展的手段获取的客流量，以及拓展手段和预算。

可通过年度潜客发展和客户资源利用分析表（表2-13）了解4S店前一年度客流量、有望客户数与成交客户数的关系，依此测算4S店的有望客户获取率和有望客户到成交客户的转化率，并了解前一年度市场活动的有效性和客户发展成本，为下一年度的预算提供决策依据。

表2-13 ______年度潜客发展和客户资源利用分析表

时间	客流量	有望客户数	获取率	订单数	成交率	市场费用/元	订单成本/元	当期主要营销措施或说明
1月								
2月								
3月								
4月								
5月								
6月								
7月								
8月								
9月								
10月								
11月								
12月								
合计								

（2）客流量分布和集客费用分析

通过客流量分布的分析，能够清楚地了解展厅路过客户和转介绍客户的数量，以及各种拓展手段的有效性、集客数量占比、单客集客成本（表2-14）。

（3）客流量需求和市场推广费用预算

通过对客流量需求分析结果，可以确定下年度客流量拓展的计划安排和费用预算（表2-15），为年度市场推广计划的合理编制提供依据。

表 2-14 客流量分布和集客费用分析

单位：元

时间	客流量费用	路过费用	转介绍费用	拓展活动费用	广告牌费用	报纸广告费用	杂志广告费用	网络费用	电视费用	其他费用	当期市场费用	客流量单价
1月												
2月												
3月												
4月												
5月												
6月												
7月												
8月												
9月												
10月												
11月												
12月												
合计												
比率/%												
客流量单价												

表 2-15　客流量需求和市场推广费用预算

单位：元

时间	销售目标	成交率	有望客户需求量	有望客户获取率	客流量需求量	自然客流预测	需拓展的客流量	拓展客流量计划及费用预算						
								活动费用	报纸广告费用	广告牌费用	网络费用	杂志费用	其他费用	合计
1月														
2月														
3月														
4月														
5月														
6月														
7月														
8月														
9月														
10月														
11月														
12月														
合计														

（4）销售计划和市场推广计划管理工作流程

销售计划和市场推广计划管理工作流程如图2-7所示。

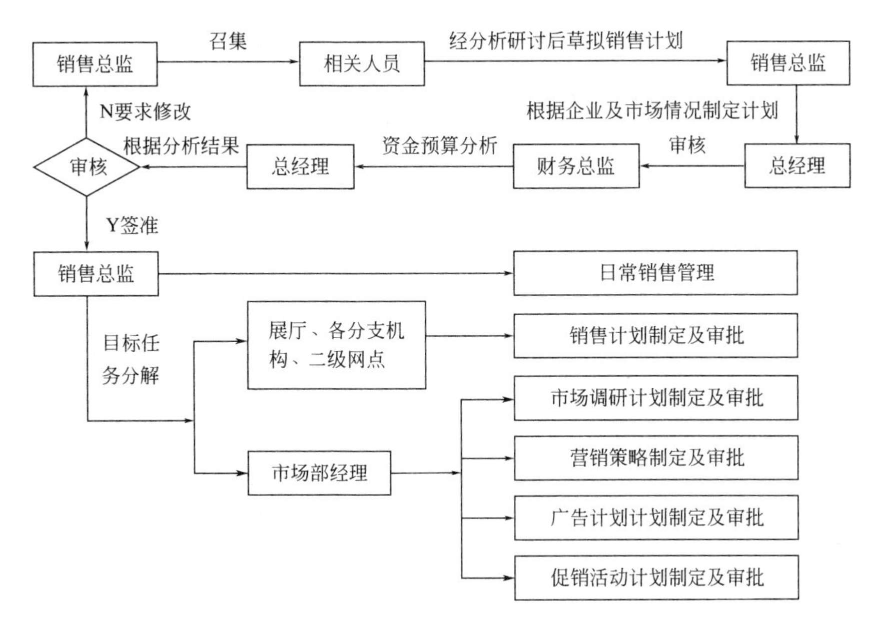

图2-7 销售计划和市场推广计划管理工作流程

3

销售预算

4S

3.1 销售预算的内容

4S店在确定销售预算水平时，要考虑其销售费用。销售费用总是以实现利润为基础的，因此，它存在一个容许的限度。企业了解预测期间销售收入、销售成本、销售费用及销售利润之间的关系，在确定销售预算水平时可以更加客观合理。

（1）销售收入预算

销售收入预算是整个销售预算编制的基础。销售收入预算的主要内容包括预计销量、预计单位售价和销售收入。此处的销售收入，实质上是以销售净额为主，即销售净额等于销售收入减去销售减让。假若将减价列入销售收入的项目中，则需设立退货预算，以决定销售净额预算，如图3-1所示。

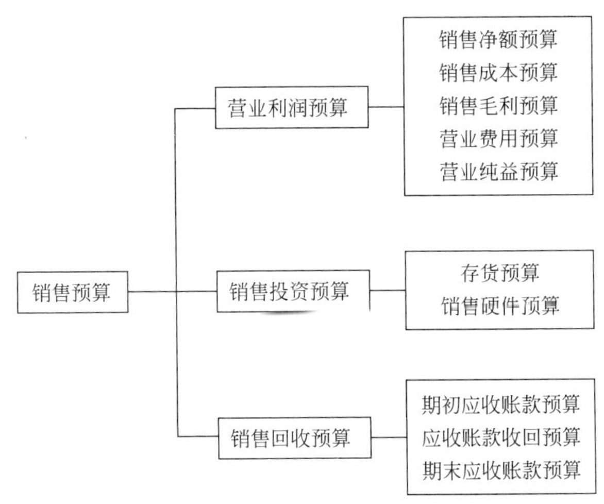

图3-1 销售收入预算

（2）销售成本预算

用销售数量乘以每单位产品的购买成本就可求出销售成本。编制销售成本预算的目的：一方面是控制成本支出，确定销售利润水平，以保证企业目标利润的实现；另一方面是预先为各项计划准备足够的费用和资金支持，确保各项计划顺利执行。

（3）销售毛利预算

销售收入预算减去销售成本预算，即可求得销售毛利预算。在毛利预算确定之前，应检查销售毛利是否足以抵偿企业所需的所有经费。

（4）销售费用预算

订立销售费用预算之前，销售总监首先需要表明销售收入目标的内容，或达成目标所需的销售策略。通过销售配额来使销售收入目标值具体化，并且依据销售策略，明示销售活动内容，因为销售费用是依照销售活动内容进行估计的。销售费用的构成如图3-2所示。

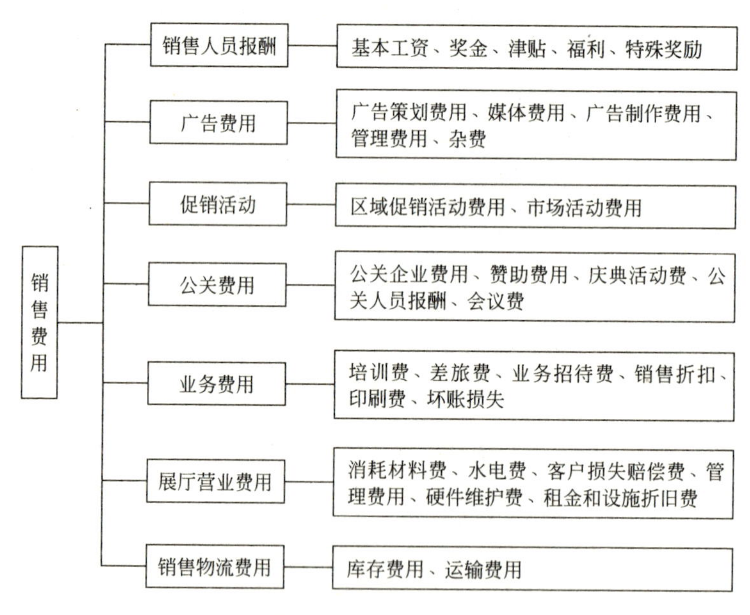

图3-2　销售费用的构成

（5）经营纯益预算

销售毛利减去销售费用，等于营业纯益，所以在估计销售费用之后，必须重新确认营业纯益，预测是否能够达到预定的利润目标。

按车型、地域和部门分别计算营业纯益，求出不同车型、地域和部门的营业纯益贡献度，其效用与销售毛利贡献度一样，有利于制定具体的计划与评价。

营业纯益是考核销售部业绩的一项标准，故可将营业纯益视为贡献利益。

（6）应收账款收回预算

没有应收的账款，就没有销售。即使实现了销售收入，如果没有收回等额的资金，企业的经营仍然无法正常运转，所以，只要销售收入预算存在一天，就必须有应收账款的收回预算计划。收回应收账款主要属于销售部的职责，至于收回后的账务处理，则属于会计部门的工作。只要确定了付款条件标准，就可与月销售预算相配合，从而订立应收账款的收回计划。

（7）库存预算

库存主要为了有利于销售，企业存货多少取决于企业的安全库存、生产能力以及需求变化等，这比较容易得到具体数值。对于大多数4S店，车辆库存一般控制在月销量的0.5～1.2倍，配件库存控制在月需求量的0.5～2.5倍。库存量太小不利于销售和售后服务的开展，但是库存量太大将给4S店带来沉重的财务成本和财务风险。有些品牌将库存量与月销售数量的比值称为库存当量，有的则称为库存深度，其实都是一个库存周转速度的概念。

3.2 销售预算管理工具表单

（1）按人员细分销售目标（表3-1）

表3-1 销售目标细分表（一）

填写日期：

项 目	数 额	备 注
销售目标①/台		
员工总人数②/人		
销售人员总人数③/人		
每位员工销售数量④=①÷②/台		
每位销售人员销售数量⑤=①÷③/台		

（2）按时间、损益项目和产品细分销售目标（表3-2）

表3-2　销售目标细分表（二）

销售单位：　　　　　　　　　　　　　　　　　　　　　　　　　单位：元

目标项目		第1季度			第2季度			第3季度			第4季度			合计
		1月	2月	3月	4月	5月	6月	7月	8月	9月	10月	11月	12月	
车型1	销售收入													
	成本及费用													
	销售利润													
车型2	销售收入													
	成本及费用													
	销售利润													
车型3	销售收入													
	成本及费用													
	销售利润													

（3）按时间、网点和产品细分销售目标（表3-3）

表3-3　销售目标细分表（三）　　　　　　　　　　　　单位：台

网点、产品		第1季度			第2季度			第3季度			第4季度		
网点	产品名称	1月	2月	3月	4月	5月	6月	7月	8月	9月	10月	11月	12月
本店	车型1												
	车型2												
	车型3												
	小计												
网点1	车型1												
	车型2												
	车型3												
	小计												

续表

网点、产品		第1季度			第2季度			第3季度			第4季度		
网点	产品名称	1月	2月	3月	4月	5月	6月	7月	8月	9月	10月	11月	12月
网点2	车型1												
	车型2												
	车型3												
	小计												
合计													

（4）按时间、部门和产品细分销售目标（表3-4）

表3-4 销售目标细分表（四） 单位：台

部门、产品		第1季度			第2季度			第3季度			第4季度		
部门	产品名称	1月	2月	3月	4月	5月	6月	7月	8月	9月	10月	11月	12月
展厅	车型1												
	车型2												
	车型3												
	小计												
大客户	车型1												
	车型2												
	车型3												
	小计												
网络	车型1												
	车型2												
	车型3												
	小计												
网点	车型1												
	车型2												
	车型3												
	小计												
合计													

（5）销售预算计划表（表3-5）

表3-5　销售预算计划表

提报人：　　　　部门：　　　　填写日期：　　　　单位：元

时间	人事费	广告和促销费	交通费	邮电费	差旅费	交际费	合计	营业额预计	比率
1月									
2月									
3月									
4月									
5月									
6月									
7月									
8月									
……									
合计									

（6）年销售资金预算表（表3-6）

表3-6　年销售资金预算表

预算部门：　　　　单位：元

月份	工资	广告和促销费	交通费	运输费	差旅费	招待费	邮电费	地租分摊	合计	比率
1月										
2月										
3月										
4月										
5月										
6月										
7月										
8月										
……										
合计										

3.3 销售预算工作流程示例

（1）销售预算编制工作流程（图3-3）

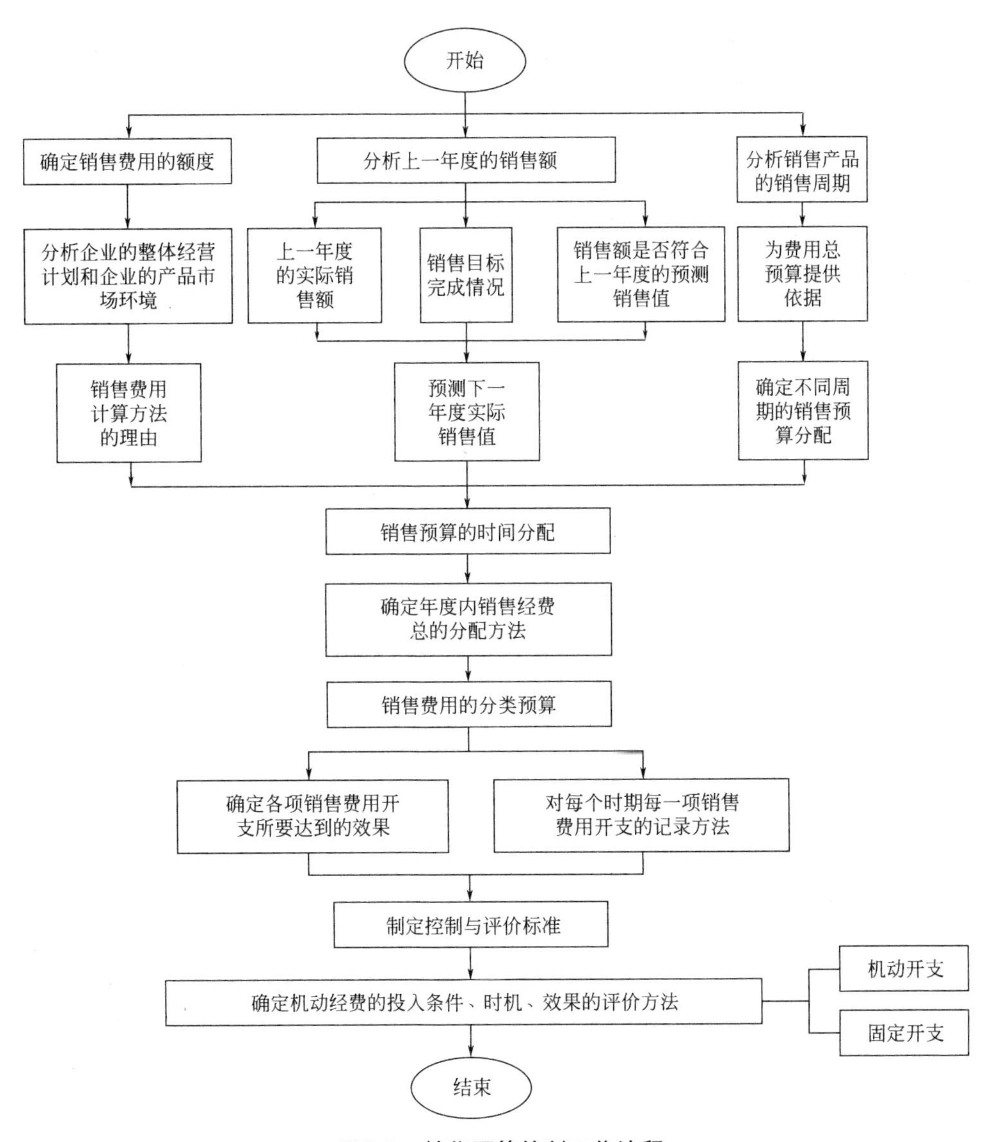

图3-3　销售预算编制工作流程

（2）销售费用预算的提交和审批流程（图3-4）

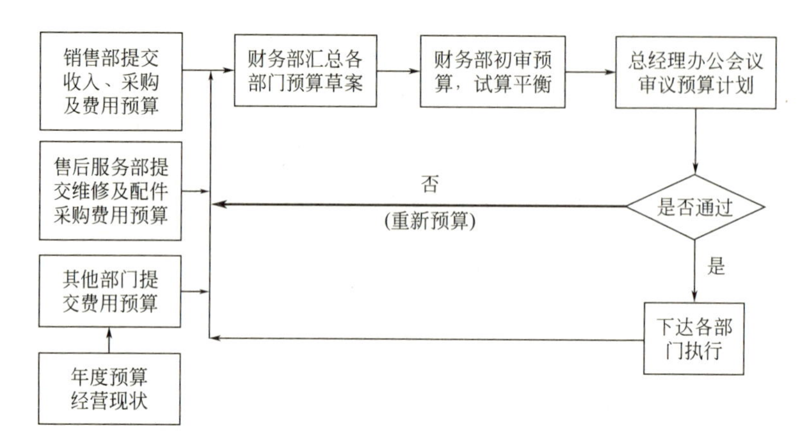

图3-4　销售费用预算的提交和审批流程

（3）预算内支出控制流程（图3-5）

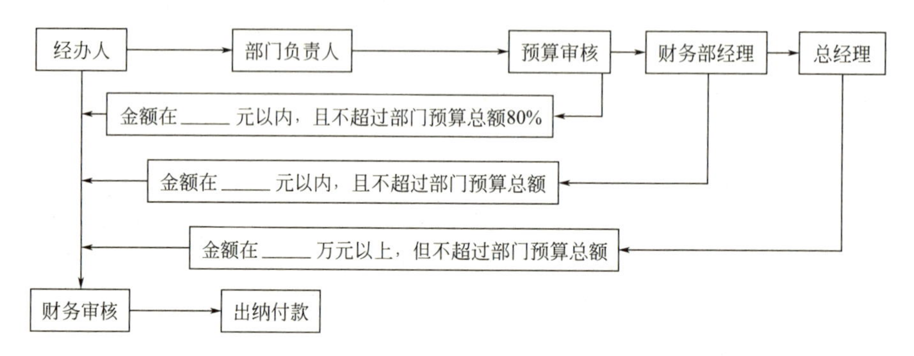

图3-5　预算内支出控制流程

（4）预算外支出控制流程（图3-6）

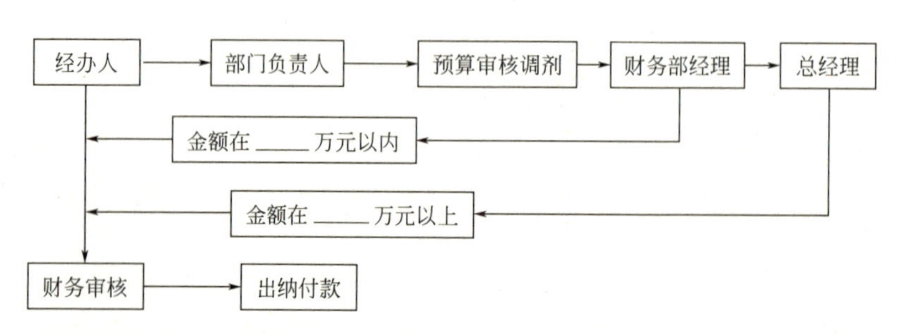

图3-6　预算外支出控制流程

（5）销售费用分配流程（图3-7）

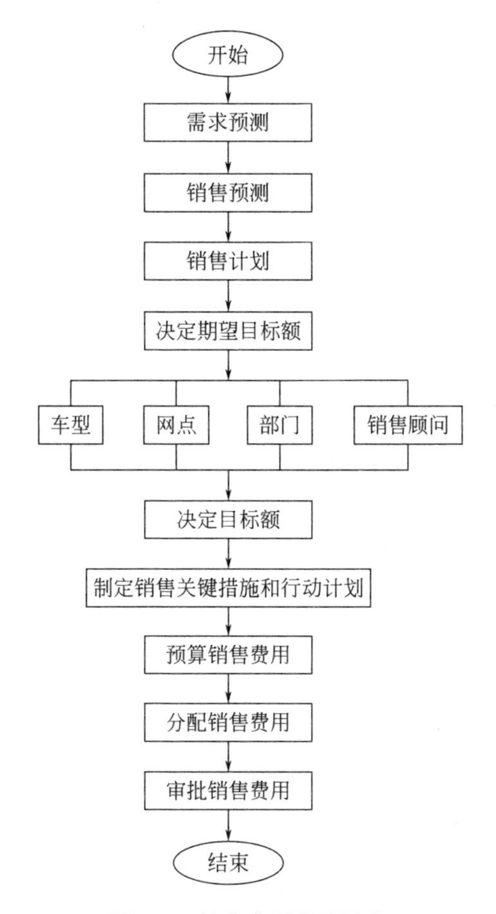

图3-7 销售费用分配流程

4

财务计划表单和经营计划模板

4.1 年度财务计划表单模板

（1）年度财务计划基本情况（表4-1）

表4-1 年度财务计划基本情况表

<table>
<tr><td colspan="3">经销商名称：</td><td>经销商编号：</td></tr>
<tr><td colspan="3">营业地址：</td><td>注册资本：</td></tr>
<tr><td>联系电话：</td><td colspan="2">传真：</td><td>电子邮箱：</td></tr>
<tr><td>总经理：</td><td colspan="2">销售经理：</td><td>财务经理：</td></tr>
<tr><td colspan="4">销售计划/台</td></tr>
<tr><td>车型</td><td>上年实际销量</td><td>厂家目标销量</td><td>公司计划销量</td></tr>
<tr><td></td><td></td><td></td><td></td></tr>
<tr><td></td><td></td><td></td><td></td></tr>
<tr><td></td><td></td><td></td><td></td></tr>
<tr><td></td><td></td><td></td><td></td></tr>
<tr><td></td><td></td><td></td><td></td></tr>
<tr><td></td><td></td><td></td><td></td></tr>
<tr><td>合计</td><td></td><td></td><td></td></tr>
<tr><td colspan="4">投资计划</td></tr>
<tr><td colspan="4">上年实际：</td></tr>
<tr><td colspan="4">本年计划：</td></tr>
<tr><td colspan="4">融资计划/元</td></tr>
<tr><td>资金</td><td>上年实际</td><td>本年计划</td><td>备注</td></tr>
<tr><td>自有资金</td><td></td><td></td><td></td></tr>
<tr><td>借贷资金</td><td></td><td></td><td></td></tr>
<tr><td>资金需求总量</td><td></td><td></td><td></td></tr>
<tr><td>融资成本</td><td></td><td></td><td></td></tr>
<tr><td colspan="4">财务经营状况主要指标/%</td></tr>
<tr><td>指标</td><td>上年实际</td><td>本年计划</td><td>备注</td></tr>
<tr><td>资产负债率</td><td></td><td></td><td></td></tr>
<tr><td>销售利润率</td><td></td><td></td><td></td></tr>
<tr><td>成本费用率</td><td></td><td></td><td></td></tr>
<tr><td>库存周转率（整车）</td><td></td><td></td><td></td></tr>
<tr><td>库存周转率（配件）</td><td></td><td></td><td></td></tr>
</table>

填表人： 填表日期：

（2）年度预计资产负债（表4-2）

表4-2　年度预计资产负债表　　单位：元

资产	年初数	年末数	负债与股东权益	年初数	年末数
流动资产			流动负债		
货币资金			短期借款		
应收账款			应付账款		
其他应收款			预收账款		
预付账款			应付工资福利		
存货			应交税金		
待摊费用			其他应付款		
其他流动资产			预提费用		
流动资产合计			其他流动负债		
长期资产			流动负债合计		
固定资产			长期负债		
固定资产原价			长期借款		
减：累计折旧			长期负债合计		
固定资产净值			股东权益		
在建工程			股本		
无形资产			资本公积		
长期待摊费用			盈余公积		
其他长期资产			未分配利润		
长期资产合计			股东权益合计		
资产总计			负债与股东权益总计		

填表人：　　　　　　　　　　　　填表日期：

（3）年度预计损益（表4-3）

表4-3 年度预计损益表 单位：元

项目		第1季度	第2季度	第3季度	第4季度	全年
销售收入	整车销售收入					
	维修业务收入					
	零部件收入					
	与整车相关的收入					
	其他收入					
	合计					
减：销售成本	整车销售成本					
	维修业务成本					
	零部件成本					
	与整车相关的成本					
	其他支出					
	合计					
加：厂家返利						
减：营业税金						
减：销售费用合计						
减：管理费用合计						
减：财务费用合计						
减：所得税						
净利润						

填表人： 填表日期：

（4）年度预计现金流量（表4-4）

表4-4　年度预计现金流量表　　单位：元

项目		第1季度	第2季度	第3季度	第4季度	全年
期初现金余额						
现金收入	整车销售收入					
	维修业务收入					
	零部件收入					
	与整车相关的收入					
	其他收入					
	厂家返利					
	现金收入合计					
减：现金支出	整车采购成本					
	零部件成本					
	支付税金					
	人员费用支出					
	其他费用支出					
	固定资产投资					
	现金支出合计					
现金多余或不足						
筹融资活动	股东自有资金投入					
	向银行借款					
	归还银行借款					
	利息支出					
	支付股利					
期末现金余额						

填表人：　　　　填表日期：

（5）整车销售收入预算（表4-5）

表4-5 整车销售收入预算表

项目		第1季度	第2季度	第3季度	第4季度	全年
销量/台	车型1					
	车型2					
	车型3					
	车型4					
	车型5					
	……					
	合计					
销价格/元	车型1					
	车型2					
	车型3					
	车型4					
	车型5					
	……					
销售收入/元	车型1					
	车型2					
	车型3					
	车型4					
	车型5					
	……					
	销售收入合计					
预计现金收入/元	上年应收账款					
	第1季度销售					
	第2季度销售					
	第3季度销售					
	第4季度销售					
	现金收入合计					

填表人： 填表日期：

（6）维护业务收入预算（表4-6）

表4-6 维护业务收入预算表

项目		第1季度	第2季度	第3季度	第4季度	全年
维修量/台次	车型1					
	车型2					
	车型3					
	车型4					
	……					
	其他车型					
	合计					
维修工时/小时	车型1					
	车型2					
	车型3					
	车型4					
	……					
	其他车型					
维修收入/元	车型1					
	车型2					
	车型3					
	车型4					
	……					
	其他车型					
	维修收入合计					
预计现金收入/元	上年应收账款					
	第1季度维修					
	第2季度维修					
	第3季度维修					
	第4季度维修					
	现金收入合计					

填表人： 填表日期：

（7）整车采购预算（表4-7）

表4-7 整车采购预算表

项目		第1季度	第2季度	第3季度	第4季度	全年
销量/台	车型1					
	车型2					
	车型3					
	车型4					
	……					
	合计					
加：预计库存增量/台	车型1					
	车型2					
	车型3					
	车型4					
	车型5					
	……					
预计本期采购量/台	车型1					
	车型2					
	车型3					
	车型4					
	车型5					
	……					
采购价格/元	车型1					
	车型2					
	车型3					
	车型4					
	车型5					
	……					
预计采购成本/元	车型1					
	车型2					
	车型3					
	车型4					

续表

项目		第1季度	第2季度	第3季度	第4季度	全年
预计采购成本/元	车型5					
	……					
	采购成本合计					
预计现金支出/元	上年应付采购款					
	第1季度采购款					
	第2季度采购款					
	第3季度采购款					
	第4季度采购款					
	现金支出合计					

填表人： 填表日期：

（8）维修业务成本预算（表4-8）

表4-8 维修业务成本预算表 单位：元

项目	第1季度	第2季度	第3季度	第4季度	全年
料					
零部件					
机物料					
……					
工					
维修人员工资福利					
临时工工资福利					
……					
费					
折旧费					
租赁费					
水电费					
外加工费					
……					
合计					

填表人： 填表日期：

（9）人员配置计划及人员开支预算（表4-9）

表4-9　人员配置计划及人员开支预算表

项目		第1季度	第2季度	第3季度	第4季度	全年
人数/人	管理人员					
	整车销售人员					
	售后服务人员					
	其他人员					
	人员合计					
人均工资/元	管理人员					
	整车销售人员					
	售后服务人员					
	其他人员					
	人员合计					
人员开支合计/元	管理人员					
	整车销售人员					
	售后服务人员					
	其他人员					
	人员合计					
人均销量/台	整车销售					
	售后服务					
	全员人均					
专业人员维修/台次	机修工					
	电工					
	钣金工					
	油漆工					
	……					

填表人：　　　　　　　　　　　　　　　　填表日期：

（10）固定资产投资计划（表4-10）

表4-10　固定资产投资计划表　　单位：元

项目		土地房屋建筑	整车销售设备	维修业务设备	运输设备	办公设备	其他设备	合计	现金流
期初									
固定资产购置	第1季度								
	第2季度								
	第3季度								
	第4季度								
	合计								
固定资产处置	第1季度								
	第2季度								
	第3季度								
	第4季度								
	合计								
期末									

填表人：　　　　　　　　填表日期：

（11）固定资产折旧（表4-11）

表4-11　固定资产折旧表　　单位：元

项目		土地房屋建筑	整车销售设备	维修业务设备	运输设备	办公设备	其他设备	合计
期初								
当期计提折旧	第1季度							
	第2季度							
	第3季度							
	第4季度							
	合计							
当期其他转出								
期末								

填表人：　　　　　　　　填表日期：

（12）整车销售费用预算（表4-12）

表4-12 整车销售费用预算表 单位：元

项目	第1季度	第2季度	第3季度	第4季度	全年
工资福利					
售前服务费					
运输费					
保险费					
广告费					
风险费					
咨询费					
租赁费					
网点代售费					
出库费					
差旅费					
折旧费					
交通费					
装饰费					
交货时各项费用					
销售佣金					
仓储保管费					
临时牌号费					
办公费					
电话及邮电费					
水电费					
工会及教育经费					
不动产税金及保险费					
车队费用及车辆保险费					
低值易耗品摊销					
开办费					
劳动保护费					
劳务费					

续表

项目	第1季度	第2季度	第3季度	第4季度	全年
业务招待费					
资产摊销					
维修费					
工作餐费					
机物料消耗					
会务费					
坏账准备					
培训费					
取暖费					
燃动费					
促销费					
其他					
合计					

填表人：　　　　　　　　　　　　　　　　填表日期：

（13）售后服务费用预算（表4-13）

表4-13　售后服务费用预算表　　　　单位：元

项目	第1季度	第2季度	第3季度	第4季度	全年
工资福利					
售前服务费					
运输费					
保险费					
广告费					
风险费					
咨询费					
租赁费					
网点代售费					
出库费					
差旅费					

续表

项目	第1季度	第2季度	第3季度	第4季度	全年
折旧费					
交通费					
装饰费					
交货时各项费用					
销售佣金					
仓储保管费					
临时牌号费					
办公费					
电话及邮电费					
水电费					
工会及教育经费					
不动产税金及保险费					
车队费用及车辆保险费					
低值易耗品摊销					
开办费					
劳动保护费					
劳务费					
业务招待费					
资产摊销					
维修费					
工作餐费					
机物料消耗					
会务费					
坏账准备					
培训费					
取暖费					
燃动费					
促销费					
其他					
合计					

填表人： 填表日期：

（14）管理费用预算（表4-14）

表4-14　管理费用预算表　　　单位：元

项目	第1季度	第2季度	第3季度	第4季度	全年
工资福利					
折旧费					
修理费					
排污费					
办公费					
水电费					
检验费					
技术研究费					
差旅费					
业务招待费					
维护费					
保险费					
运输费					
低值易耗品摊销					
仓库经费					
会议费					
材料盘亏和毁损					
无形资产摊销					
其他资产摊销					
房产税					
车船使用税					
印花税					
土地使用税					
优待金					
劳动保护费					
坏账损失					
租赁费					
售前服务费					

续表

项目	第1季度	第2季度	第3季度	第4季度	全年
存货跌价准备					
不动产税金及保险费					
车队费用及车辆保险费					
车辆以外动产保险费					
仓储保管费					
促销费					
电话及邮电费					
工作餐费					
机物料消耗					
交货时各项费用					
开办费					
劳务费					
培训费					
取暖费					
销售佣金					
资产摊销					
油费					
装饰费					
其他					
合计					

填表人： 填表日期：

4.2 年度经营计划模板

年度经营计划的封面如图4-1所示。年度各具体经营计划如表4-15～表4-37所示。

年度经营计划

××××公司

______年度经营计划

总 经 理：

编制日期：　　年　　月　　日

图4-1　年度经营计划的封面

表4-15 年度经营目标（MBO目标）

<table>
<tr><td>投资方</td><td>经营业绩责任人</td></tr>
<tr><td colspan="2">企业愿景</td></tr>
<tr><td colspan="2"></td></tr>
<tr><td colspan="2">年度主要工作目标</td></tr>
<tr><td colspan="2"></td></tr>
<tr><td colspan="2">年度关键考核指标（KPI）</td></tr>
<tr><td colspan="2"></td></tr>
</table>

表4-16 年度区域车型竞争对手分析——车型×

<table>
<tr><td colspan="3">销售责任区域包括：</td></tr>
<tr><td>竞争对手</td><td>品牌</td><td>区域内4S店数量/家</td></tr>
<tr><td rowspan="3">核心竞争对手</td><td></td><td></td></tr>
<tr><td></td><td></td></tr>
<tr><td></td><td></td></tr>
<tr><td rowspan="4">主要竞争对手</td><td></td><td></td></tr>
<tr><td></td><td></td></tr>
<tr><td></td><td></td></tr>
<tr><td></td><td></td></tr>
</table>

表4-17 年度区域市场潜力分析——车型1

项目	第1季度	第2季度	第3季度	第4季度	全年
上年度A级车上牌量/台					
本年度A级车上牌量预测/台					
上年度核心竞争对手上牌量/台					
本年度核心竞争对手上牌量预测/台					
本年度核心竞争对手单店零售量预测/台					
本年度车型1细分市场占有率目标/%					

注：核心竞争对手品牌请一一单列。

表4-18　年度区域市场潜力分析——车型2

项目	第1季度	第2季度	第3季度	第4季度	全年
上年度A0级车上牌量/台					
本年度A0级车上牌量预测/台					
上年度核心竞争对手上牌量/台					
本年度核心竞争对手上牌量预测/台					
本年度核心竞争对手单店零售量预测/台					
本年度车型2细分市场占有率目标/%					

注：核心竞争对手品牌请一一单列。

表4-19　年度销售目标——车型×　　单位：台

型号	1月	2月	3月	4月	5月	6月	7月	8月	9月	10月	11月	12月	总计
合计													

表4-20　年度销售及库存目标　　单位：台

项目	第1季度		第2季度		第3季度		第4季度		全年	
车型										
批售目标										
零售目标										
展厅零售目标										
分支机构销售目标										
政府采购客户销售目标										
集团客户销售目标										
军警车销售目标										
置换销售目标										
库存当量目标										

表4-21 年度关键客户信息清单 单位：台

<table>
<tr><td colspan="4">全年重点公关客户名单</td></tr>
<tr><td rowspan="2">政府采购单位</td><td rowspan="2">预计采购量</td><td colspan="2">车型预期销量</td></tr>
<tr><td>车型1</td><td>车型2</td></tr>
<tr><td></td><td></td><td></td><td></td></tr>
<tr><td></td><td></td><td></td><td></td></tr>
<tr><td></td><td></td><td></td><td></td></tr>
<tr><td rowspan="2">集团客户单位</td><td rowspan="2">预计采购量</td><td colspan="2">车型预期销量</td></tr>
<tr><td>车型1</td><td>车型2</td></tr>
<tr><td></td><td></td><td></td><td></td></tr>
<tr><td></td><td></td><td></td><td></td></tr>
<tr><td></td><td></td><td></td><td></td></tr>
<tr><td rowspan="2">军警车单位</td><td rowspan="2">预计采购量</td><td colspan="2">车型预期销量</td></tr>
<tr><td>车型1</td><td>车型2</td></tr>
<tr><td></td><td></td><td></td><td></td></tr>
<tr><td></td><td></td><td></td><td></td></tr>
<tr><td></td><td></td><td></td><td></td></tr>
</table>

表4-22 年度置换销售及二手车目标分解

<table>
<tr><td colspan="4">年度二手车业务准备资金/元</td><td colspan="3"></td><td colspan="4">年度二手车业务运营费用/元</td><td colspan="3"></td></tr>
<tr><td colspan="4">年度二手车销售毛利目标/元</td><td colspan="3"></td><td colspan="4">年度二手车单车毛利率目标/%</td><td colspan="3"></td></tr>
<tr><td rowspan="2">项目</td><td colspan="3">第1季度</td><td colspan="3">第2季度</td><td colspan="3">第3季度</td><td colspan="3">第4季度</td><td rowspan="2">总计</td></tr>
<tr><td>1月</td><td>2月</td><td>3月</td><td>4月</td><td>5月</td><td>6月</td><td>7月</td><td>8月</td><td>9月</td><td>10月</td><td>11月</td><td>12月</td></tr>
<tr><td>展厅零售置换销售目标/台</td><td></td><td></td><td></td><td></td><td></td><td></td><td></td><td></td><td></td><td></td><td></td><td></td><td></td></tr>
<tr><td>分支机构销售置换销售目标/台</td><td></td><td></td><td></td><td></td><td></td><td></td><td></td><td></td><td></td><td></td><td></td><td></td><td></td></tr>
<tr><td>关键用户销售置换销售目标/台</td><td></td><td></td><td></td><td></td><td></td><td></td><td></td><td></td><td></td><td></td><td></td><td></td><td></td></tr>
<tr><td>二手车库存目标/台</td><td></td><td></td><td></td><td></td><td></td><td></td><td></td><td></td><td></td><td></td><td></td><td></td><td></td></tr>
</table>

表4-23　年度责任区域营销网络建设工作

4S店				分支机构						
设立城市	覆盖区域	销售目标/台	销售顾问人均销量/台	设立时间	设立城市	覆盖区域	责任人	销售目标/台	销售顾问人均销量/台	是否带快修
目前已经设立的										
年度计划设立										

表4-24　年度广告投放计划

● 沟通渠道和传播方式分析及选择																	
● 年度广告投放计划																	
序列	车型	媒体类型	具体	版面	规格	预计实施时间											
						1月	2月	3月	4月	5月	6月	7月	8月	9月	10月	11月	12月

续表

● 沟通渠道和传播方式分析及选择

● 年度广告投放计划

序列	车型	媒体类型	具体	版面	规格	预计实施时间											
						1月	2月	3月	4月	5月	6月	7月	8月	9月	10月	11月	12月

表4-25 年度市场推广活动计划

● 区域市场公关活动策略

● 年度区域市场活动计划

序列	针对车型	活动名称	活动简介	预计实施时间											
				1月	2月	3月	4月	5月	6月	7月	8月	9月	10月	11月	12月

表4-26　年度促销活动计划

<table>
<tr><td colspan="16">● 促销策略</td></tr>
<tr><td colspan="16"></td></tr>
<tr><td colspan="16">● 年度区域促销及其他计划</td></tr>
<tr><td rowspan="2">序列</td><td rowspan="2">针对车型</td><td rowspan="2">活动名称</td><td rowspan="2">活动简介</td><td colspan="12">预计实施时间</td></tr>
<tr><td>1月</td><td>2月</td><td>3月</td><td>4月</td><td>5月</td><td>6月</td><td>7月</td><td>8月</td><td>9月</td><td>10月</td><td>11月</td><td>12月</td></tr>
<tr><td></td><td></td><td></td><td></td><td></td><td></td><td></td><td></td><td></td><td></td><td></td><td></td><td></td><td></td><td></td><td></td></tr>
<tr><td></td><td></td><td></td><td></td><td></td><td></td><td></td><td></td><td></td><td></td><td></td><td></td><td></td><td></td><td></td><td></td></tr>
<tr><td></td><td></td><td></td><td></td><td></td><td></td><td></td><td></td><td></td><td></td><td></td><td></td><td></td><td></td><td></td><td></td></tr>
<tr><td></td><td></td><td></td><td></td><td></td><td></td><td></td><td></td><td></td><td></td><td></td><td></td><td></td><td></td><td></td><td></td></tr>
<tr><td></td><td></td><td></td><td></td><td></td><td></td><td></td><td></td><td></td><td></td><td></td><td></td><td></td><td></td><td></td><td></td></tr>
<tr><td></td><td></td><td></td><td></td><td></td><td></td><td></td><td></td><td></td><td></td><td></td><td></td><td></td><td></td><td></td><td></td></tr>
</table>

表4-27　市场推广经费预算

<table>
<tr><td colspan="2">项目</td><td>预算/元</td><td>所占比例/%</td><td>备注</td></tr>
<tr><td rowspan="6">广告</td><td>报纸</td><td></td><td></td><td></td></tr>
<tr><td>电台</td><td></td><td></td><td></td></tr>
<tr><td>杂志（网络）</td><td></td><td></td><td></td></tr>
<tr><td>户外路牌广告</td><td></td><td></td><td></td></tr>
<tr><td>电视</td><td></td><td></td><td></td></tr>
<tr><td>小计</td><td></td><td></td><td></td></tr>
<tr><td rowspan="9">区域市场公关活动</td><td>新产品投放/推介活动</td><td></td><td></td><td></td></tr>
<tr><td>客户俱乐部/客户联络活动</td><td></td><td></td><td></td></tr>
<tr><td>服务活动</td><td></td><td></td><td></td></tr>
<tr><td>车展</td><td></td><td></td><td></td></tr>
<tr><td>开业活动</td><td></td><td></td><td></td></tr>
<tr><td>赞助</td><td></td><td></td><td></td></tr>
<tr><td>政府关系</td><td></td><td></td><td></td></tr>
<tr><td>关键用户</td><td></td><td></td><td></td></tr>
<tr><td>媒体关系</td><td></td><td></td><td></td></tr>
</table>

续表

项目		预算/元	所占比例/%	备注
区域市场公关活动	媒体活动			
	软性宣传			
	小计			
促销及其他	节日促销			
	点邮			
	电话访问			
	上门服务			
	市场调研			
	客户走访			
	小计			
总计				

表4-28 年度售后经营计划

项目	第1季度	第2季度	第3季度	第4季度
销售责任区域保有量/台				
销售责任区域上牌数/台				
维修用户档案数/人				
维修数量/台次				
维修总产值/元				
单车产值/元				
事故车总产值/元				
维修累计工时总收入/元				
配件采购指标/元				
配件收入/元				
附件收入/元				
单台配件消耗/元				
首保数量/台次				

表4-29　年度维修质量及客户服务指标

项目	厂家目标	经销商目标				责任人
		第1季度	第2季度	第3季度	第4季度	
技术管理	一次维修合格率/%					
	技术人员培训/人					
CRM客户关系管理	首保用户流失率/%					
	新增客户数/人					
	一次解决率/%					
	投诉封闭率/%					
	投诉响应率/%					

表4-30　年度配件及附件指标

项目	厂家目标	经销商目标				责任人
		第1季度	第2季度	第3季度	第4季度	
配件和附件	原装配件采购					
	原装附件采购					

表4-31　年度销售服务质量指标

项目	权重	模块	考核项目	目标	责任人
满意度综合得分		销售服务考评模块	销售标准审核DSC		
			销售服务质量调查SQS		
			神秘顾客调查MS		
		售后服务考评模块	服务标准审核Audit Ⅱ		
			售后服务质量调查CSS		
			神秘顾客调查Phantom Test		

表4-32　年度销售过程性指标

指标	厂家目标	经销商目标				责任人
		第1季度	第2季度	第3季度	第4季度	
订单管理	订单录入率					
	客户订单转化率					
销售过程管理	有望客户目标完成率（有望客户数/有望客户数目标）					

续表

指标	厂家目标	经销商目标				责任人
		第1季度	第2季度	第3季度	第4季度	
销售过程管理	试乘试驾率（试乘试驾数/有望客户数）					
	成交率（当月成交数/当月有望用户数）					
	平均跟踪次数（当月成交客户平均跟踪次数）					

表4-33　年度人力资源规划

单位：人

项目	最低专职人数	实际人数	所需人数	需增人数	招聘计划时间	目前状况
总经理						
销售总监						
展厅经理						
首席销售顾问						
销售人员						
销售助理						
销售支持						
计划与控制主管						
车辆管理员						
大用户主管						
二手车主管						
客户关爱总监						
展厅接待员						
电话接待员						
客户关爱员						
市场经理						
广告促销专员						
市场分析专员						
售后服务总监						
服务经理						

续表

项目	最低专职人数	实际人数	所需人数	需增人数	招聘计划时间	目前状况
服务顾问						
技术主管						
索赔员						
质量监督专员						
车间主管						
机电工						
钣金工						
油漆工						
PDI① 专员						
配件经理						
仓库管理员						
配件计划员						
配件销售员						
附件销售员						
行政管理经理						
人事培训主管						
行政管理专员						
系统管理员						
财务经理						
人力资源工作负责人						
核心考核指标						
人员离职率			展厅销售顾问充足率			

① 售前检查。

表4-34 年度内部激励计划

● 内部激励计划

表4-35 年度各部门工作任务

<table>
<tr><td>直属部门经理</td><td></td><td>直属部门经理不在岗时的代理人</td><td></td></tr>
<tr><td colspan="2"></td><td colspan="2"></td></tr>
</table>

年度部门运营目标和行动计划	负责人	日期
目标1： 行动计划：		
目标2： 行动计划：		
……		

表4-36 年度经营计划

单位：元

收入（不含增值税）		备注
新车销售收入		
二手车销售收入		
备件销售收入		
维修服务收入		
其他收入		
收入总计		
成本		备注
新车成本		
二手车成本		
备件成本		
维修成本		
其他成本		
成本总计		
毛利		备注
新车毛利		
二手车毛利		
备件毛利		
维修毛利		
其他毛利		
毛利总计		

续表

费用		备注
人工费用（含工资、福利等）		
营销费用（广告）		
营销费用（运费、仓储及装车整备费用）		
折旧及土地摊销		
培训费		
通信、办公费		
旅差、招待费		
利息收支净额及金融手续费		
租金		
其他费用		
总费用		
税前总利润（人民币）		

注：1.收入－成本＝毛利，毛利－费用＝税前利润。

2.新车成本＝新车开票价－返利，旧车成本＝旧车收购价。

表4-37　经营计划

年度营业费用/元	年度财务费用/元	年度管理费用/元
年销售收入（盈亏平衡点）/元	年度销售毛利目标/元	年度单车毛利率目标/%

关键时间节点事件包括总公司和经销商层面的重要事件及时间点，例如展厅预订、开业、车辆正式上市、大型车展等，如图4-2所示。

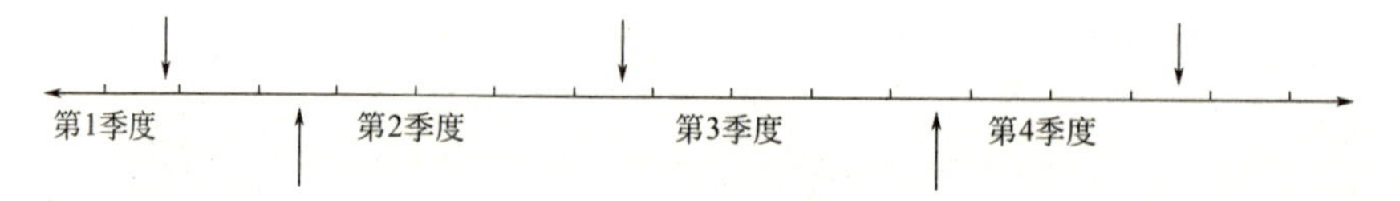

图4-2　年度关键时间节点事件

5

责任落实

4S

通过年度经营计划的编制过程，4S店不仅能够为下一年度的经营活动制定合理的目标，也能为实现目标制定各种具体行动计划，并为保障这些计划被有效实施配置合理的财务预算。这些都为4S店实现年度经营任务提供了条件，但这并不代表着这些计划就会被执行和执行好，更不代表目标就会实现。好的目标和行动计划，必须由适当的人和组织来执行，换句话说，必须将实现目标和执行计划的责任落实到个人。

责任落实是4S店5R运营创新管理模式的第二部分，其含义是4S店将确定的经营目标和行动计划层层分解到人，使所有目标和业务活动都有具体的负责人员，活动的原则和方法符合4S店的规划和要求，活动的结果也符合要求。因此，员工个人的目标和责任是4S店经营目标分解的结果，4S店全体员工个人目标的实现必须能够支持4S店整体目标的实现。

此外，为确保员工实施业务流程的效率和有效性，员工还具有执行公司的业务流程、程序和规章制度的责任。

所以，4S店的员工有两个方面的责任：一方面是执行4S店的年度经营计划，帮助4S店实现年度运营目标；另一方面是执行和遵守公司程序、规章制度和行为规范，保证4S店业务流程运作的效率和资源的有效利用，同时获得顾客满意。

员工履行责任的结果就是员工的绩效，反过来说，员工的绩效反映了员工履行职责的情况。正因如此，企业将员工的绩效与其承担的业务目标进行比较，用来衡量员工的工作业绩。作为员工业绩的衡量标准，员工的绩效指标（KPI）必须用量化的形式来表达，以使这些指标能够成为客观评价员工工作业绩的准则，并成为指导员工工作的导向。员工通过量化的KPI，清楚自己的工作做得好和不好，也清楚上司将要做出的对自己工作的评价。所以，4S店建立KPI并以此为依据对员工进行定期考核，是4S店将经营责任落实到个人的主要手段。

5.1 KPI及指标体系

KPI是关键绩效指标（Key Performance Indicator）的英文缩写，是通

过对组织内部某一流程的输入端、输出端的关键参数进行设置、取样、计算、分析，以衡量流程绩效的一种目标式量化管理指标，是把企业的经营目标分解为可运作的员工目标的工具，也是企业绩效管理的基础。通过建立KPI体系，组织把宏观战略决策层层分解成可操作的战术目标，和对宏观战略决策执行效果的监测指针。在通常情况下，KPI既被用来反映员工个人的业绩，也被用来反映策略执行的效果。通过对KPI的监测，组织能够及时衡量企业战略实施效果，提高企业对战略目标的执行力。通过KPI体系，将企业的经营目标和策略与每个员工的个人表现联系起来，也让每个岗位上的员工认识到个人的付出与组织的成功、失败的因果关系，从而将企业的战略目标和经营计划转化为企业的内部过程和活动。正因如此，KPI工具已被大多数4S店采用，作为4S店考核员工绩效的手段。KPI的构成如图5-1所示。

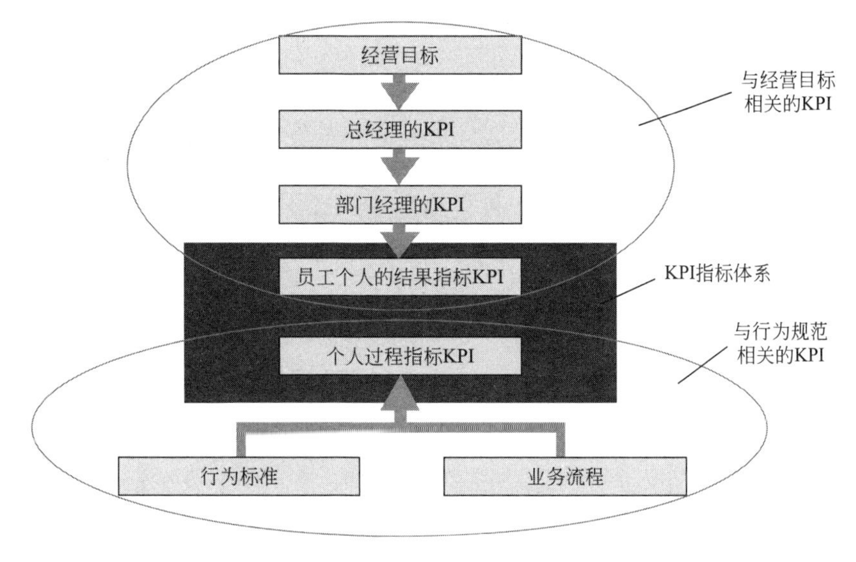

图5-1 KPI的构成

5.1.1 KPI体系的建立

根据4S店的愿景和中长期规划，以及确定的年度经营计划，4S店每年度都会有不同的战略目标。这些在R1“经营计划”中已有阐述。经营目标的变化使4S店的经营管理者在不同的时期都有不同的关注重点。这种变化必须通过绩效指标的变化和调整，引导员工将注意力也集中于4S店当期的关注重点。将这些关注重点的KPI及其关系集合起来，就形成4S店当期的KPI体系。不同时期4S店可能有不同的KPI体系，把不同时期的KPI体系集合起来，就形成4S店的KPI库。4S店必须建立动态开发的KPI库，通过不断完善和积累，不断丰富4S店的KPI库，使4S店可以根据不同时期的战略目标和经营目标及计划从KPI库中直接选取合适的KPI进行过程执行的检视和对员工进行考核和评价。

现以某4S店为例来介绍4S店KPI体系的建立过程。

某4S店的愿景是“成为当地盈利性最好的4S店”。根据平衡计分卡的原理，结合年度经营计划，在财务、客户、内部管理和员工成长四个方面制定年度运营的KPI，如图5-2所示。

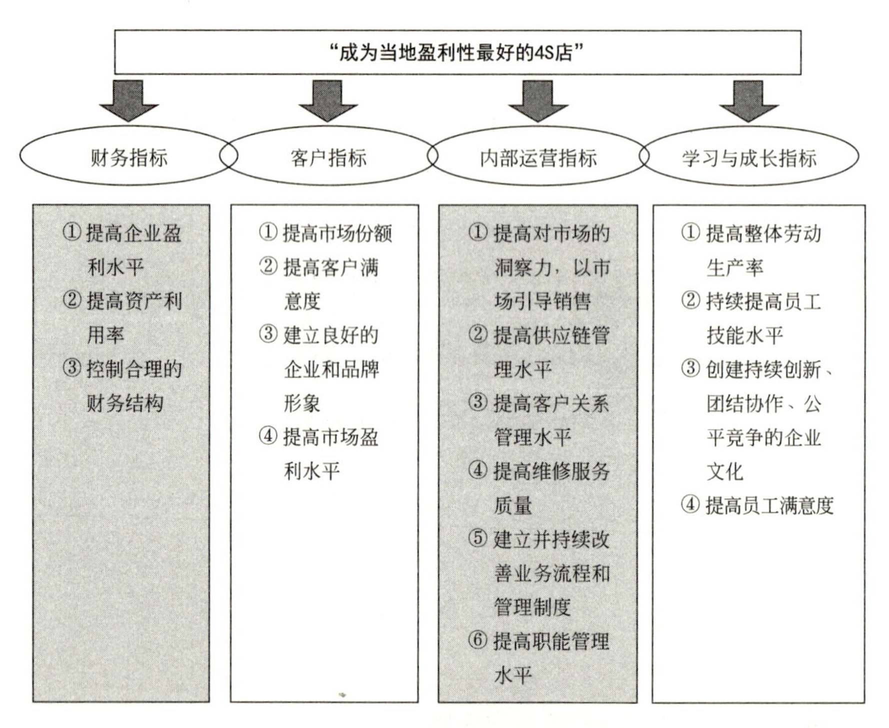

图5-2　根据4S店愿景确定年度运营的KPI指标

通过对这些关键指标的关键成功因素（CSF）的分析，能够得到监控的过程指标和结果指标，方法见表5-1。

表 5-1 KPI 关键指标的分解方法示例

CSF	KPI	CSF	KPI	CSF	KPI	责任部门或人员
提高净资产回报率	净资产回报率	提高盈利水平	销售净利润	增加销售收入	当期销售额	总经理
				降低各项成本费用	费用预算准确率	总经理
		提高资产利润率	总资产周转率	提高投资收益率	投资收益率	财务部
				加速运营资本周转	运营资本周转天数	财务部
				加速长期资本周转	长期资本周转率	财务部
		控制合理财务结构	资产负债率			财务部
			流动比率			财务部
			现金利息偿还能力			财务部
增加销售收入	当期销售额	增加整车销售收入	整车销售额	增加展厅整车销售	整车销量	展厅
				增加大客户整车销售	整车销量	大客户部
				增加二级网点整车销售	整车销量	销售部
				增加网络销售	整车销量	网络营销部
		增加售后服务销售收入	售后服务营业额	增加售后维修车辆数量，减少客户流失	修理台次/产值	售后服务部
					客户保有量	售后服务部
					客户流失率	售后服务部
				提高维修车辆的客户单价	维修车辆客户单价	售后服务部
				提高配件销售额	配件销售额	售后服务部
				提高附件销售额	附件销售额	售后服务部

续表

CSF	KPI	CSF	KPI	CSF	KPI	责任部门或人员
增加销售收入	当期销售额	增加增值业务（装饰/保险/精品附件/二手车）收入	增值业务（装饰/保险/精品附件/二手车）营业额	增加二手车交易	二手车交易数量	二手车主管
				增加装饰业务	装饰业务营业额	销售部
				增加保险业务	保险业务数量	销售部/售后服务部
				增加精品附件销售	精品附件销售额	销售部/售后服务部
降低各项成本费用		控制和降低库存跌价损失	跌价损失率	控制和降低整车库存跌价损失	跌价损失率	计划与控制部
				控制和降低配件库存跌价损失	跌价损失率	配件部
		控制和降低经营管理成本		控制和降低人员成本	直接人员成本率	销售部/售后服务部
					管理人员成本率	人事行政部
				控制和降低销售成本	销售费用率	销售部
					人均销售费用率	销售部
				控制和降低促销、广告成本	集客单价	市场部
				控制和降低物流成本	新车库存销售比率/配件附件库存额	计划与控制部/配件部
				控制和降低其他管理成本	设备设施维护费用率	人事行政部/售后服务部
				加强预算管理	预算和调整按时开展和完成率	各部门
					成本费用与预算的差异率	各部门

续表

CSF	KPI	CSF	KPI	CSF	KPI	责任部门或人员
增加客户价值和盈利水平		提高市场份额	市场占有率	提高客流量	市场活动实现的客流量	市场部
				提高网络广宣点击率	网络广宣点击次数/来电数量	市场部
				提高客流契合度	市场活动实现客流对目标客户特征的吻合率	市场部
				提高细分目标市场的市场份额	细分目标市场的市场占有率	销售部
				提高二级网点覆盖率	二级网点覆盖率	销售总监
		提高客户满意度	客户满意度	降低销售投诉次数	产品销售/售后客户投诉率	销售部/售后服务部
				提高服务质量	SSI/CSI/MS[1]调查分数	销售部/售后服务部/客户关爱部
				及时反馈客户提出的意见	对客户意见及时反馈率	客户关爱部
					对客户投诉的及时响应率/一次处理满意率	客户关爱部
				减少客户流失	客户流失率	客户关爱部/售后服务部
				提高客户关爱活动的质量	客户关爱活动频次	客户关爱部
					客户关爱活动客户满意率	售后服务部

续表

CSF	KPI	CSF	KPI	CSF	KPI	责任部门或人员
增加客户价值和盈利水平		建立良好的企业和品牌形象	品牌市场价值	提高品牌在最终用户前出现的频率	广告对品牌广告规范符合率	市场部
					广告投放计划执行率	市场部
			品牌认知度	提高品牌形象广告与宣传的质量	品牌形象广告与宣传效果评估	市场部
			公关关系维护	提高公共关系活动质量	公共关系活动计划执行率	市场部
					公共关系活动效果评估	市场部
			本店形象设施维护完好率	提高展厅内外硬件完好率	展厅内外硬件完好率	人事行政部
		提高市场活动有效性	市场活动现场效果评估结果	市场活动有效性	市场活动实现客流对目标客户特征的吻合率	市场部
				提高市场活动有效性	市场活动客流和订单目标达成率	市场部
				发展新客户	客户留档率	销售部
提高内部运营水平		提高对市场的洞察力，以市场引导销售		提高市场调研和细分水平	市场竞争环境分析及销售策略/销售话术制定的及时率	市场部
					目标客户群特征准确率/及时率	市场部
		提高供应链管理水平		提高销售预测的准确性	要货计划的准确率/配件紧急采购次数	计划与控制部/配件部
					商品车库存当量	计划与控制部
					配件周转率	配件部

续表

CSF	KPI	CSF	KPI	CSF	KPI	责任部门或人员
提高内部运营水平		提高供应链管理水平		加强供应商管理，确保采购任务的完成	采购订单按时完成率	配件部
					采购产品检验合格率	配件部
					供应商档案资料完备率	配件部
				建立完善的质量管理体系	ISO 9000质量体系认证结果	总经理
					销售流程标准检查结果	销售部
					售后服务流程检查结果	售后服务部
				提高库存管理水平，减少仓储损失	库存盘点账实相符率	库管员/配件部
					仓储商品车损坏率/库存配件损坏率	库管员/配件部
					长库龄商品车数量/过期配件数量	计划与控制部/配件部
				提高在库车辆管理水平	入库PDI[②]完整执行率	PDI[②]专员
					在库车辆按时检查维护率和维护检查完整执行率	车辆管理员
					出库PDI[②]完整执行率	PDI[②]专员
		提高销售效率		提高客流利用率	客户留档率	展厅经理/销售顾问
				提高成交率	试乘试驾率	展厅经理/销售顾问
					客户跟踪数量和客户跟踪率	展厅经理/销售顾问
					客户再回展厅率	展厅经理/销售顾问
					有望客户转化率	展厅经理/销售顾问
					成交率	展厅经理/销售顾问

续表

CSF	KPI	CSF	KPI	CSF	KPI	责任部门或人员
提高内部运营水平		提高销售效率		提高销售标准流程和规范执行力	人员仪容仪表符合率	销售顾问
					展车摆放和清洁符合率	销售顾问
					试乘试驾车完好率和清洁合格率	销售顾问
					建卡客户信息完整率和准确率	销售顾问
					客户信息录入及时率和信息完整率	销售顾问
					客户跟踪及时率	销售顾问
					客户需求分析率	销售顾问
					增值服务介绍率	销售顾问
					新车交车流程完整执行率	销售顾问
		提高客户关系管理水平		保持向客户提供产品和服务时的统一行为模式	统一产品和服务行为模式的执行率	客户关爱部
				维护完备的客户信息和市场信息	客户档案资料和客户信息的准确率与完整率	客户关爱部
				加强客户服务部门与销售部门和售后服务部门的沟通	客户服务中发现重要质量问题或客户投诉信息的传递和沟通及时率	客户关爱部
				及时回访客户	在标准时间内对客户回访及时率/回访覆盖率/回访成功率	客户关爱部

续表

CSF	KPI	CSF	KPI	CSF	KPI	责任部门或人员
提高内部运营水平		提高客户关系管理水平		提高客户关爱水平	客户关爱活动对应客户通知到位率	客户关爱部
					车友俱乐部入会率	客户关爱部
					车友俱乐部活动客户满意率	客户关爱部
					节日 / 车主生日问候覆盖率	客户关爱部
					定期保养预约率和预约成功率	客户关爱部
					流失客户招揽成功率	客户关爱部
					爱车讲堂客户覆盖率	客户关爱部
		提高维修服务质量		提高维护质量	接车过程对客户需求和维修项目确定的准确率	服务顾问
					估价准确率	服务顾问
					内返率	售后服务部
					外返率	售后服务部
					洗车质量合格率	售后服务部
				提高救援工作水平	24 小时救援及时到位率	售后服务部
				提高维修计划按时达成水平	准时交车率	售后服务部
		建立并持续改善业务流程和管理制度		内部审核	内部审核及时率和审核有效性评价	总经理
				管理评审	管理评审及时率和评审有效性评价	总经理

续表

CSF	KPI	CSF	KPI	CSF	KPI	责任部门或人员
提高内部运营水平		提高职能管理水平		提高职能服务的内部客户满意度	人力资源服务满意度	人事行政部
					信息技术服务满意度	系统管理员
					行政总务服务满意度	人事行政部
					财务职能服务满意度	财务部
					会计服务满意度	财务部
				做好重要档案的管理工作	人员档案完整率、正确率	人事行政部
				及时、有效地开展人力资源活动	人力资源配置评估和人力资源规划及时率和完整率	人事行政部
					招聘计划按时完成率	人事行政部
					员工工资发放及时率和正确率	财务部
					绩效考核结果准确率	各部门
					绩效考核报告提交及时率	各部门
				提高财务报表的准确性和及时性	财务报表正确率	财务部
					财务报表及时提交率	财务部
				提高会计核算的准确性	会计事务处理差错次数	财务部
				加强公司资产管理	备品备件、固定资产、劳动防护用品等账物相符率	人事行政部
					定期盘点完成率	人事行政部

续表

CSF	KPI	CSF	KPI	CSF	KPI	责任部门或人员
提高内部运营水平		提高职能管理水平		提供优质的信息技术服务	信息技术服务需求平均完成时间	系统管理员
					硬件系统事故次数	系统管理员
					软件系统事故次数	系统管理员
					硬件系统建设、维护进度完成率	系统管理员
					软件系统建设、维护进度完成率	系统管理员
				加强总务后勤支持、保障职能	总务事务处理差错延迟次数	人事行政部
		提高生产设备维护管理水平		提高设备维护计划按时执行水平	设备维护和保养计划按时完成率	维修车间
				提高检测设备管理水平	检测设备按时校准率	技术部
				提高专用设备管理水平	专用设备完整率及完好率	技术部
提高员工技能和满意度		持续提高员工技能水平	员工培训的有效性	提高员工培训计划的针对性	各岗位培训需求课程完整率	人事行政部及其他各部门
					员工培训历史记录的完整率和准确率	
				确保员工参加适当的培训	培训计划对培训需求的契合度	人事行政部
					厂家资质要求人员配置到位率	人事行政部

续表

CSF	KPI	CSF	KPI	CSF	KPI	责任部门或人员
提高员工技能和满意度		持续提高员工技能水平	员工培训的有效性	确保员工参加适当的培训	厂家培训转训按时和覆盖到位率	人事行政部
					内部培训计划执行率	人事行政部
					培训人员出席率	人事行政部
					培训考核合格率	人事行政部
				组织有效的培训	培训组织和课程满意度	人事行政部
					培训讲义认可率	人事行政部
					培训讲师认可率	人事行政部
				员工技能评定	员工岗位技能评定合格率	人事行政部
		创建持续创新、勇于变革、富有弹性的企业文化	企业文化评分	创建良好的意见和建议反馈体系	提出流程和制度合理化建议并被采纳的数量	人事行政部
				提高部门间协作水平	部门间投诉次数	各部门
		提高员工满意度	员工满意度	减少员工流失，留住优秀员工	员工流失率	人事行政部
					员工挽留率	人事行政部
				重视员工的意见和建议	合理化意见和建议的实施完成率	人事行政部
		加强知识共享水平	知识共享水平打分	提高员工知识贡享水平	有效知识贡享条数	人事行政部
				提高知识利用水平	知识被有效利用的频率	人事行政部

① 整车销售过程满意度/售后服务过程满意度/神秘顾客满意度。② 售前检查。

从公司的战略目标、经营目标及相应的关键措施出发，通过识别关键成功因素（CSF），能够将4S店的运营战略和运营目标分解为公司级、部门级和员工个人的KPI。最终每个KPI都要由个人来负责。KPI通过层层分解，形成了4S店KPI体系。目标不同，KPI自然不同；即使目标相同，但关键措施不同，KPI也不同。通常，一家公司在确定新一年度的KPI时，首先会借鉴以往的CSF和KPI，甚至直接在KPI库选择KPI作为新年度的KPI。可以说，KPI库和相应的CSF历史数据的积累是一家公司的宝贵财富，它可以让一家公司每一年都站在新的高度更进一步。

5.1.2　与行为规范相关的KPI

KPI的另一部分与员工的业务流程和行为规范有关。一般而言，越是公司的高层岗位，这部分的KPI就越少，重要性越小；越是低层的人员例如销售顾问、服务顾问和其他一线的服务人员，对他们执行业务流程和个人行为规范的要求就越高，这部分的KPI比例就越大，重要性也越大，例如展厅接待员的KPI可能全部为行为规范的KPI。对于处在稳定运营阶段的4S店，这部分的KPI变化一般不大。

例如，基于展厅的顾客接待流程，展厅经理和销售顾问的KPI有顾客留档率（有望客户获取率）、首次进店客户试乘试驾率、试乘试驾后客户级别提升比率、有望客户跟踪率、有望客户跟踪后提升级别比率、有望客户成交率、有望客户战败率等；基于小型多样化活动流程，市场经理和展厅经理的KPI有集客数量、有望客户出席率、客户留档率、现场成交率、每千元获得的客户数量、现场成交的单位成本等。

5.1.3　个人绩效指标的制定

4S店通过对经营目标的分解和对业务流程的分析建立了一个KPI体系。然而，并不是所有的KPI指标都必须拿来作为年度相关人员绩效考核的KPI，公司只能选择其中关键指标来作为当年的相关人员的KPI，因而必须对各个KPI的重要程度加以评价。

一般情况下，制定个人KPI应遵循如下原则。

① 越是高层管理人员，KPI数目越少，结果性越强，量化性越高。

② 越是基层人员，KPI数目越多，过程性越强，结果指标和过程指标都有。

③ KPI主要衡量与当年营业计划相关的重要成功因素，而不是记流水账。

④ KPI体系和对应目标值跟随年度目标一年定一次，一般不中途修改。

⑤ KPI的目标值应在原有的基础上逐年提高，以促进组织的持续发展。

⑥ 下属的KPI应和上司的KPI有因果关系，下属的KPI支持上司的KPI。

⑦ 每个人的KPI一般不多于6个。

⑧ 每个KPI必须清楚表述，并设定衡量标准。

⑨ KPI应有主次之分，并因此有KPI的权重，最低的权重不低于5%，最高的权重不高于30%，每个人的KPI权重之和为100%。

⑩ 高层领导共同分享与承担总业绩的成败。

⑪ 对那些没有被选择成为绩效考核的KPI的结果经常能够反映员工业务活动中的问题，因而管理者不能放弃对这些KPI的分析。

5.1.4 KPI的表达

指标涉及公司的各个层次、部门和人员，为确保每一个KPI都能被唯一理解，减少争议，对其定义和描述是非常必要的（表5-2、表5-3）。

表5-2 指标描述示例（一）

指标名称	促销活动的单位成交成本
指标定义	在促销现场和活动后45天内成交客户的每客户实际的支出
设立目的	考察促销活动的资源使用效率
计算公式	$促销活动单位成交成本=\frac{促销项目实际支出}{促销现场和活动后45天内成交的客户数}\times 100\%$
相关说明	① 成交客户数由展厅经理统计 ② 实际支出由市场部统计，财务部核对 ③ 由市场部统计和分析本指标，上报总经理
数据收集	市场部
数据来源	市场部

续表

数据核对	财务部
统计周期	每次活动
统计方式	数据

表5-3 指标描述示例（二）

指标名称	销售目标达成率
指标定义	指年度销售目标经分解后形成月度销售目标实际达成的比例
设立目的	考核销售部在销售方面目标与实际情况的对比。销售目标用台数作单位，该指标是反映销售部销售业绩的一个重要指标
计算公式	$销售目标达成率=\frac{实际销售完成交车台数}{销售目标台数}\times100\%$
相关说明	① 销售业绩以实际交车台数统计 ② 该指标可作每日管理工具，由销售部每日自行累计 ③ 每月、每年指标可作管理及考核指标 ④ 各车型可分别进行统计
数据收集	销售部
数据来源	财务报表（由财务部提供）
数据核对	财务部
统计周期	每周或每月一次
统计方式	数据和趋势图

5.1.5 典型岗位常见的KPI

（1）总经理

销量、售后产值、售后修理台次、SSI、CSI、MS、销售标准（运营）检查成绩、售后检查成绩、净利润、固定成本额、资金周转率、员工流动率、资产收益率。

（2）销售总监

销量、销售目标达成率、增值服务销售额、SSI、MS、销售标准（运营）检查成绩、溢价率、单位成交成本、库存销售比率（库存当量）。

（3）展厅经理

销量、销售目标达成率、延伸服务销售额、SSI、MS、展厅硬件完好率、客户留档率、有望客户数量满足率、试乘试驾率、有望客户跟踪率、成交率、战败率、销售人员培训合格率。

（4）销售顾问

销量、销售目标达成率、延伸服务销售任务目标达成率、SSI、MS、有望客户数量满足率、客户留档率、客户信息准确率、客户信息完整率、试乘试驾率、试乘试驾客户的级别提升率、有望客户跟踪率、有望客户跟踪后客户级别提升率、留档客户信息录入系统及时率、客户再回展厅率、有望客户转化率、成交率、战败率、溢价率。

（5）大客户主管

大客户销量、大客户销售目标达成率、大客户数量、大客户开发目标达成率、大用户购买潜力信息准确率、溢价率、大客户销售单位成本、大客户重要信息及时上报率。

（6）二手车主管

二手车成交数量、二手车买卖净利润额、二手车置换目标完成率、二手车交易手续完备率、二手车置换信息上报及时率。

（7）计划与控制主管

销售预测准确率、要货计划准确率、要货计划上报及时率、库存信息上报及时率、库存销售比率（库存当量）。

（8）车辆管理员

库存车辆档案完整率、库存车辆台账信息准确率、车辆入库PDI完整率、库存车辆动态维护及时率、库存车辆动态维护项目完整率、库存车辆出库PDI合格率、商品车库存场地设施完好率。

（9）客户关爱总监

SSI、CSI、MS、客户投诉处理率（投诉率、投诉响应及时率、一次处理率、客户投诉及时封闭率）、客户投诉问题改进措施有效率、客户回访覆盖率、客户回访及时率、客户回访成功率、客户关爱活动有效率、客户流失率、危机处理及时率和有效率。

（10）市场经理

客流量目标达成率、客流结构与目标客户特征吻合率、留档客户级别目标达成率、客流渠道分布与市场活动计划吻合率、市场推广活动预算准确率、市场活动目标达成率、市场活动集客单位成本、促销活动成交单位成本、市场活动计划和上报及时率、掌握竞争对手信息准确性和全面性评价、重要信息上报及时率。

（11）市场分析专员

目标客户特征分析数据准确率和完整率、当地汽车市场信息（例如上牌量、各品牌市场占有率等）准确率、市场分析报告价值评估、区域市场（竞品和竞争对手）信息收集及时率和准确率。

（12）电话回访员

客户回访及时率、客户回访覆盖率、客户回访成功率、客户档案信息完整率、首次保养提醒覆盖率、首次保养提醒有效率、定期保养提醒覆盖率、定期保养提醒有效率、流失客户招揽成功率等。

（13）人事行政经理

人员配置率、人力资源规划完整率、招聘计划契合率、招聘计划及时完成率、应聘资料符合率、应聘人员面试合格率（录取率）、试用人员转正率（离职率）、招聘成本、员工档案信息完整率、员工培训需求识别完整率、培训计划契合度、培训计划执行率、培训出席率、员工培训合格率、员工培训档案完整率、员工满意度。

（14）服务经理

售后服务产值、维修台次、事故车维修产值、事故车维修台次、客户满意度、客户流失率、维修单车产值、保险数量完成率、延保数量完成率、员工流失率、库存配件周转率。

（15）服务顾问

维修产值、接车台次、客户满意度、客户流失率、客户投诉率、客户投诉整改完成率、接车记录准确率、工单制作差错率、估价准确率、准时交车率、增项成功率、维修单据收集完整率。

（16）事故理赔专员

维修产值、维修台次、客户满意度、事故车出厂维修率、事故车定损准确率、理赔成功率、事故车跟踪成功率、工单制作差错率、维修单据收集完整率。

（17）车间主管

准时交车率、一次维修合格率、维修工具设备完好率、工伤事故数量、环保要求合格率、过夜车和车辆钥匙保管差错率、不合格纠正完成率。

（18）技术主管

维修车辆诊断准确率、技术信息传递准时率、技术信息收集完整率、技术软件升级及时率、维修方案正确率、车辆一次修复率。

（19）质量监督员

外返率、漏检率、检验记录完整率。

（20）维修技师

一次维修合格率（内返率）、完工及时率、工具完好率。

（21）配件经理

库存配件金额、配件周转率、常用配件满足率、客户订购配件准确率、配件保管合格率。

（22）配件仓管员

配件收发准确率、库存配件损伤和失效率、配件盘点盈亏数量、配件摆放差错率。

5.1.6 指标权重的确定

（1）指标权重的作用

KPI指标权重的主要作用如下。

① 明确指标价值的轻重，突出KPI重点指标。

② 体现出组织的价值观和对员工的引导意图。

③ 直接影响对员工绩效的评价结果。

④ 是企业评价员工的指挥棒。

⑤ 让员工明白公司重视什么和倡导什么，引导员工将注意力和努力集中在哪些方面，最终影响企业文化。

（2）确定指标权重的原则

① 以企业的战略目标和经营重点为导向，权重分配时以与经营目标相关的KPI为主，行为指标为辅。越是高层管理人员，与经营结果相关的结果性指标权重越大；反之，越是基层人员，与过程性和行为准则相关的指标权重越大。

② 应灵活处理个性化指标。例如在行为指标上，可以考虑任职者的短板，灵活处理考核指标中各指标的权重，引导任职者重视自己的短处，以达到绩效改进的目的。

（3）确定指标权重的方法

① 经验法　由管理者依据历史数据和新一轮经营重点直观判断确定权重。用经验法确定指标权重的方法决策效率高、决策成本低，但决策片面性大，对决策者的要求高。

② 权值因子判断表法　逐一评价和比较每两个指标的相对重要程度，进而确定每个指标在所有KPI中的权值，最终确定每个指标的权重。具体步骤如下。

a. 组成评价小组。

b. 制定评价权值因子判断表。

c. 对评价小组成员所填权值因子判断表进行统计。

d. 将统计结果折算成权重。

e. 相关部门讨论、审核。

f. 权重确定。

权值因子判断表示例见表5-4。

表5-4　权值因子判断表示例

评价指标	指标1	指标2	指标3	指标4	指标5	指标6	评分
指标1		4	4	3	3	2	16
指标2	0		3	2	4	3	12
指标3	0	1		1	2	2	6

续表

评价指标	指标1	指标2	指标3	指标4	指标5	指标6	评分
指标4	1	2	3		3	3	12
指标5	1	0	2	1		2	6
指标6	2	1	2	1	2		8

注：每两个指标的权值比较的和均为4。

权值统计计算表示例见表5-5。

表5-5 权值统计计算表示例

评价指标	评价小组成员								评分总计	平均评分	权值	调整后权值/%
	1	2	3	4	5	6	7	8				
指标1	15	14	16	14	16	16	15	16	122	15.25	0.25417	25
指标2	16	8	10	12	12	12	11	8	89	11.125	0.18542	20
指标3	8	6	5	5	6	7	9	8	54	6.75	0.11250	10
指标4	8	10	10	12	12	11	12	8	83	10.375	0.17292	20
指标5	5	6	7	7	6	5	5	8	49	6.125	0.10208	10
指标6	8	16	12	10	8	9	8	12	83	10.375	0.17292	15
合计	60	60	60	60	60	60	60	60	480	60	1.00001	100

5.1.7 指标评估标准的确定

确定指标的评价标准，用于客观评价员工的业绩。

（1）定量指标评估标准设定方法

① 加减分法（表5-6）

表5-6 加减分法示例

指标	考核要素	权重分值	评价标准
KPI	外返次数	25分	按照标准每月不得超过一次。以一次为基数，得分20分，没有内返得25分，每增加一次内返扣10分，扣完为止
	PDI质量检验	20分	自检滞后一次扣2分，自检漏项一项扣1分，记录不真实一次扣2分，记录不及时一次扣1分，记录不规范一次扣1分，不保底

② 规定范围法（表5-7）

表5-7 规定范围法示例

指标	考核要素	权重分值	评价标准			
			A	B	C	D
KPI	销量完成率	30分	90%≤实际销量完成率≤100%	80%≤实际销量完成率<90%	60%≤实际销量完成率<80%	实际销量完成率<60%
			30～29分	28～25分	24～20分	19～10分
	推广活动管理	20分	项目进度表上报及时率为100%，完整性好；项目分析对计划和预测能提供强有力的依据；对大项目的监控得力，预期目标实现90%及以上	项目进度表上报及时率≥80%，完整性好；项目分析对计划和预测能提供比较有力的依据；对项目的监控比较得力，预期目标实现80%及以上	项目进度表上报及时率≥60%，完整性较好；项目分析对计划和预测能提供一定的依据；对大项目的监控效果一般，预期目标实现70%及以上	项目进度表上报及时率≤60%，完整性差；项目分析对计划和预测能提供的依据不明显；对大项目的监控不得力，预期目标实现70%以下
			20～19分	18～15分	14～12分	11～6分

（2）定性指标评估标准设定方法

与定量指标的评估标准不同，定性指标往往难以客观评估。为减少主观评估带来的不公平，应尽量详细描述评估因素的表现，并转化为以等级等方式的量化表达（表5-8）。

表5-8 定性指标评估表示例

评估要素	优秀（A）	良好（B）	合格（C）	需改进（D）
团队凝聚力	部门人员团结，相互间工作配合性好，团队凝聚力强	部门人员较团结，相互间工作配合性较好，团队凝聚力较强	部门人员团结，相互间工作配合性一般，团队凝聚力一般	部门人员团结性、相互间工作配合性较差，团队凝聚力较低
组织与文化建设	建立了规范的内部沟通制度，能够及时有效传递和正确诠释公司文化导向，组织氛围良好；积极地在部门内部推行导师制，自身也能很好地履行导师职责	建立了较规范的内部沟通制度，能够有效传递和正确诠释公司文化导向，组织氛围较好；较积极地在部门内部推行导师制，自身也能较好地履行导师职责	建立了内部沟通制度，能够传递和诠释公司文化导向，组织氛围一般；在部门内部推行导师制，自身也能履行导师职责	内部沟通制度不完善，无法有效传递和正确诠释公司文化导向，组织氛围差；不能在部门内部推行导师制，自身不能履行导师职责

续表

评估要素	优秀（A）	良好（B）	合格（C）	需改进（D）
项目管理	建设项目动态表上报及时率为100%，完整性好；项目分析对计划和预测能提供强有力的依据；对大项目的监控得力	建设项目动态表上报及时率≥80%，完整性好；项目分析对计划和预测能提供比较有力的依据；对大项目的监控比较得力	建设项目动态表上报及时率≥60%，完整性较好；项目分析对计划和预测能提供一定的依据；对大项目的监控效果一般	建设项目动态表上报及时率≤60%，完整性差；项目分析对计划和预测能提供的依据不明显；对大项目的监控不得力

5.1.8 保证KPI有效性的原则

（1）KPI要紧紧围绕经营目标制定和展开

KPI必须依据企业目标、部门目标、岗位目标，紧靠实现目标的关键措施和关键成功因素等来进行确定。只有这样，才能确保所制定的KPI对总目标有贡献价值。换句话说，通过监测KPI，管理者可以清楚行动计划的实施程度；通过实现KPI，组织的总目标也能实现。

（2）保证可以控制

KPI内容必须是职位人员能够控制的，否则，再好的指标也无用。如果一个指标必须由多个部门或人员共同的作用才能实现，则这个指标就不能成为该部门或该职位的KPI，必须继续分解，直到该部门或人员可以独立承担。

（3）保证可以操作

指标必须有明确的定义、计算方法，易于取得可靠和公正的初始数据。同时指标能有效进行量化与比较。不能量化的指标应尽量避免，确实必须成为指标而又不能量化的定性指标，可以通过区分不同程度的评分方法使指标转化为可测量的。

（4）保证指标可以用来考核

指标能正确区分出绩优绩效与绩劣绩效。每一个KPI，都必须有客观的评价标准，或者说可以客观地评分，使每个人的业绩可以客观地比较。

（5）保证指标可以用来阶段控制

指标可以反映流程、行动计划的阶段性成果或最终成果，作为流程和行动计划的过程里程碑或标志，使流程和行动计划的运作进度和程度可以被监测和评价。

5.1.9 典型岗位KPI表达示例

（1）总经理考核指标及权重（表5-9）

表5-9 总经理考核指标及权重

<table>
<tr><th>考核内容</th><th>考核指标</th><th>权重分值</th></tr>
<tr><td rowspan="5">主营业务收入</td><td>① 整车销售收入完成率</td><td rowspan="5">30分</td></tr>
<tr><td>② 维修服务收入完成率</td></tr>
<tr><td>③ 装饰收入完成率</td></tr>
<tr><td>④ 保险收入完成率</td></tr>
<tr><td>⑤ 二手车业务收入完成率</td></tr>
<tr><td rowspan="3">毛利额</td><td>⑥ 整车业务毛利</td><td rowspan="3">28分</td></tr>
<tr><td>⑦ 维修业务毛利</td></tr>
<tr><td>⑧ 装饰业务毛利</td></tr>
<tr><td>利润</td><td>⑨ 利润总额完成率</td><td>30分</td></tr>
<tr><td>领导力</td><td>⑩ 领导行为能力得分</td><td>7分</td></tr>
<tr><td>执行力</td><td>⑪规章制度执行情况</td><td>5分</td></tr>
<tr><td rowspan="8">加、扣分项目</td><td>后备店长的晋升人数</td><td>每晋升1人加2分</td></tr>
<tr><td>向总公司或其他店输送人才</td><td>店面经理级以上人才，每人加1分</td></tr>
<tr><td>客户满意度</td><td>以相应品牌厂家的规定作为标准，分为A、B、C等，由分管领导决定给予加分，最多可加3分</td></tr>
<tr><td>网络发展</td><td>发展符合公司发展战略的4S店加2分</td></tr>
<tr><td>单店获得荣誉（年度）</td><td>获得4S店年度全国荣誉的加1～3分</td></tr>
<tr><td>员工获得荣誉</td><td>全国级前3名、区域级第1名，每人次各加0.5分、0.1分</td></tr>
<tr><td>利润贡献度</td><td>实现利润超过1000万元的店，加3分，(800～1000)万元的加2分</td></tr>
<tr><td>安全生产</td><td>按相应管理办法</td></tr>
</table>

（2）销售总监考核指标及权重（表5-10）

表5-10 销售总监考核指标及权重

考核内容	考核指标	权重分值	备注
整车销售台次	新车销售台次完成率	20分	
整车销售毛利	毛利额完成率	40分	
新车装饰	装饰完成率	15分	
新车保险	保险完成率	10分	
二手车业务	二手车信息量	5分	
客户满意度	客户满意度	10分	
加、扣分项目			

（3）售后总监考核指标及权重（表5-11）。

表5-11 售后总监考核指标及权重

考核内容	考核指标	权重分值	备注
维修产值	维修收入完成率	20分	
装饰业务	装饰收入完成率	10分	
保险业务	续保收入完成率	10分	
售后业务利润	毛利额完成率	40分	
（保险理赔、厂家索赔、大客户等）应收账回款率	三个月以上的回款率高于95%	10分	回款率=实际回款/应收理赔款总额
客户满意度	客户满意度	10分	
加、扣分项目			

5.2 个人业绩合同

个人业绩合同是总经理与部门经理以及部门经理与员工个人之间的内部合同，由管理者与被管理者共同商讨、认同并签订，明确被管理者的主要考核范围、主要业务指标和每个主要业务指标要达到的目标。管理者还可以在个人业绩合同中对不同的主要业务指标设置权重，明确被管理者的工作重点和努力方向。通过业绩合同的逐级签署，经营目标通过KPI体系以KPI的形式将具体额度层层分解到部门和个人，形成业绩合同中的基本目标，通过书面形式将实现企业经营目标的职责落实到个人身上。

个人业绩合同的内容包括考核内容、考核指标、考核指标要达到的程度、考核标准，必要时还可以包括报酬和奖惩约定等。每份业绩合同的有效期为一年，与公司的经营年度同步。在有效期结束前，通过新一轮设定的业绩目标协商签订下一年的业绩合同。业绩合同一旦签署就具有约束力，在有效期内不得擅自更改。如遇特殊情况（如突发事件或不可抗力），公司有权酌情予以调整。当双方在关于目标设定无法达成一致时，发约人具有最终的决定权。有些4S店采用各岗位绩效考核方案、绩效考核标准或商务政策的方式与相关人员确认，实际上也构成了个人的业绩合同。

通过个人业绩合同的形式，将公司的经营目标以KPI以及要达到的目标形式转化为员工自己要达到的目标，从而激发员工的工作热情。个人业绩合同不但将个人承担公司的目标和行动的责任纳入法制化的轨道，激发员工尽最大努力工作，而且使管理者对下级的评估有了公平和客观的依据，个人业绩合同成为员工绩效评估和激励的基础。

员工业绩合同一旦签订，有效期为一年。在这一年里，业绩合同的条款就成为公司和员工之间的约定，签约的双方应该共同遵守，并在月度或年终根据个人的业绩结果由公司兑现奖惩承诺。因此，如果把公司的运作活动看成一场“快乐的游戏”的话，这种由管理者和被管理者双方进行的互相承诺和约定就是“游戏规则”，并且在“游戏”的过程中，双方都不可以随便更改规则。

个人业绩合同示例见表5-12。

表5-12 总经理个人业绩合同

受约人姓名：	×××	发约人1姓名：	×××
部门：		职位：	董事长
职位：	总经理	签名：	×××
合同有效期：	2019.1.1～2019.12.31		
受约人签名：	×××		
日期：	2018.12.25		

续表

业绩指标类型	关键业绩指标	权值/%	单位	目标	实际完成	考核分数
财务指标	车辆销量 车辆维修销售收入 实现净利润 车辆平均库存销售比	15 15 25 5	辆 万元 万元 —	2580 3256 2000 1.2		
客户指标	SSI CSI 市场占有率	10 10 5	分 分 —	≥950 ≥950 ≥2.7%		
过程指标	厂家运营能力检查结果 厂家神秘顾客检查结果	5 5	— —	≥87.5% ≥89.2%		
组织指标	员工流动率	5	—	≤5%		

注：业绩合同签订后，签订双方应明确责任和义务，双方都应明确如果签约人达到目标所应得到的回报，并坚持不变。

5.3 职位说明书及其编制

职位说明书或岗位描述既是使员工了解岗位职责和工作内容的重要文件，也是要求4S店落实责任的重要文件。

有一些厂家在其经销商的管理手册上已经明确了4S店应该建立的组织机构和岗位配置要求，并规定了所配置的岗位至少应履行的工作职责和任职资格条件。大部分4S店依据厂家的指引编制了重要岗位的职位说明书。但是，随着4S店年度经营计划的制定，各个岗位的工作内容和职责将有所增加。为避免责任疏漏，4S店需要重新评审每份职位说明书，并根据变化的情况做出相应的调整。所以，每个岗位的职位说明书每年需要修订一次，也就是在公司的运营目标和行动计划确定后，随着各个岗位KPI的确定和员工个人业绩合同的签订，管理者必须将员工个人实现KPI的关键措施和行动计划的主要内容和承担的责任写进相应岗位的职位说明书里，并与员工本人共同确认。

为每个岗位进行岗位描述和编制职位说明书是4S店内部管理的一项基础性的工作，也是一项十分重要的工作。

编制职位说明书的步骤如下。

① 识别岗位在组织结构图的位置和岗位性质。

② 进行岗位分析。

③ 编制职位说明书。

④ 职位说明书的审核和确认。

5.3.1　组织结构图编制

组织结构图是一种用来描述企业组织结构的工具。通过编制4S店的组织结构图，明确4S店的岗位设置、各岗位间的相互关系以及每一位员工在组织结构中的位置。

典型4S店组织结构图如图5-3所示。

5.3.2　岗位分析

（1）岗位分析的目的

为进行工作描述收集和整理与岗位有关的信息，包括工作内容、要求的输出、人员的素质与技能等。

岗位分析必须思考的问题和收集的信息包括“5W1H”。

① Why——4S店为什么要设立该职位？

② What——该职位具体做什么？工作职责是什么？承担什么责任？

③ When　在什么时间范围内完成？

④ Where——在什么物理环境和社会环境下完成工作？

⑤ Who——具备什么条件的人才能胜任此工作？

⑥ How——工作是如何完成的？需要什么工具、设备、知识和信息？

（2）岗位分析的主要技术与方法

① 问卷调查法　岗位分析一般在年度经营计划编制之后、新的经营年度到来之前进行。分析人员首先要设计一套切实可行、内容丰富的问卷，然后由被调查的员工填写。此方法适用于管理层和工作不确定因素很多的员工。岗位分析调查问卷见表5-13。

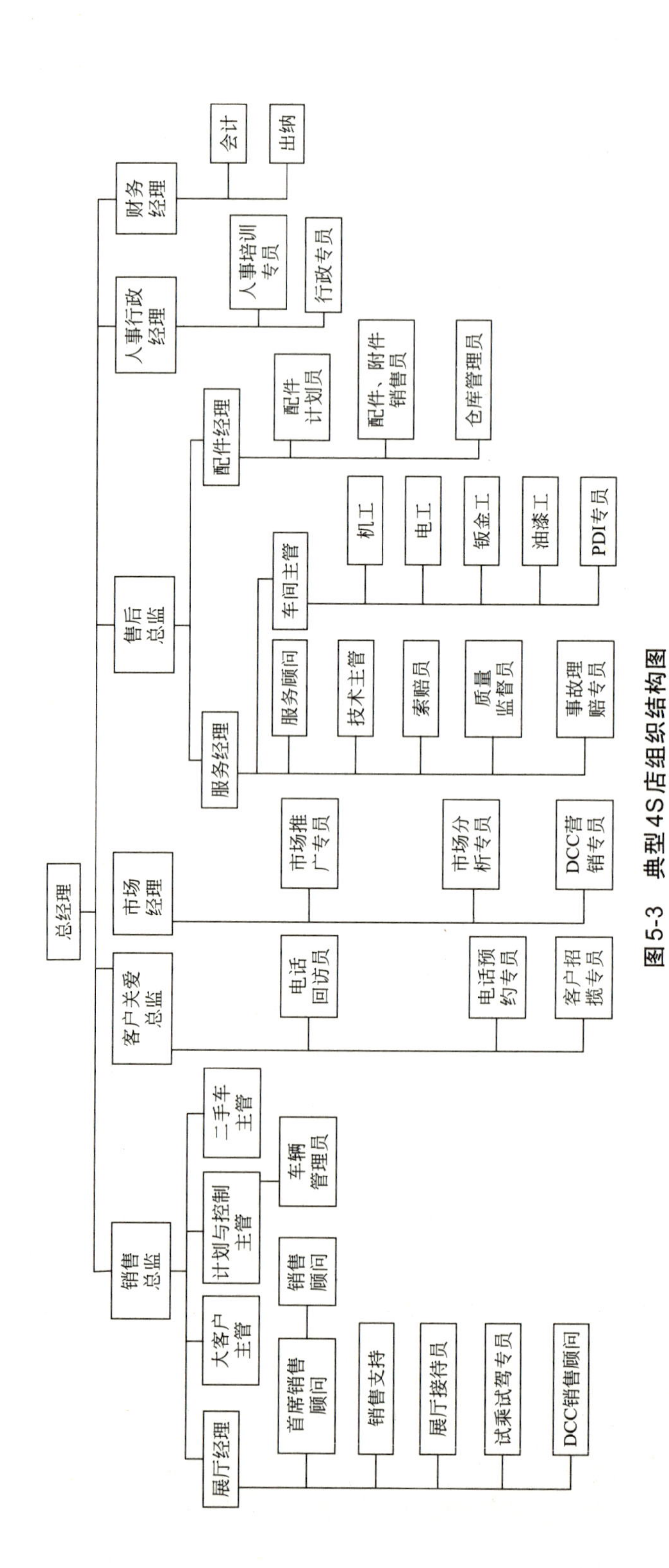

图5-3　典型4S店组织结构图

注：DCC营销专员是负责网络客户招揽及维护的专员；DCC销售顾问是针对通过网络招揽的客户的整车销售人员；PDI专员是负责售前检查的专员。

表5-13 岗位分析调查问卷

<table>
<tr><td colspan="2">一、基本信息</td></tr>
<tr><td>姓名：</td><td>填写日期：　　年　　月　　日</td></tr>
<tr><td>职务名称：</td><td>职务编号：</td></tr>
<tr><td>属部门：</td><td>部门经理姓名：</td></tr>
<tr><td colspan="2">二、调查信息</td></tr>
<tr><td colspan="2">1.请准确、简洁地列举你的主要工作内容</td></tr>
<tr><td colspan="2">（1）
（2）
（3）
（4）</td></tr>
<tr><td colspan="2">2.请认真、详尽地描述你的日常性工作（如果有工作日志，请附后）</td></tr>
<tr><td colspan="2">3.请详尽地列举你有决策权的工作项目
（1）
（2）
（3）
（4）</td></tr>
<tr><td colspan="2">4.请简明地描述你的上级是如何监督你的工作的</td></tr>
<tr><td colspan="2">5.请简明地描述你的哪些工作是不被上级监督的</td></tr>
<tr><td colspan="2">6.请详细地描述你在工作中需要接触到哪些职务的其他员工，并讲明接触的原因</td></tr>
<tr><td colspan="2">7.请列举工作中所需要的资源</td></tr>
<tr><td colspan="2">8.请描述该职务的工作环境，你认为什么样的工作环境更适合工作</td></tr>
<tr><td colspan="2">注意事项：
1.填写人应保证以上填写的内容真实、客观，并且没有故意隐瞒
2.该问卷内容将作为职务分析的重要依据，如果填写人在以后出现遗漏、错误，或其他需要说明的情况，请立即与相关负责人联系

填写人签字：

职务分析负责人签字：</td></tr>
</table>

② 面谈法　通过分析人员与员工面对面谈话来收集职务信息资料的方法。职务分析面谈的典型问题如下。

a. 岗位的目标是什么？

- 这个岗位最终要取得什么结果？
- 从公司的角度看，这个岗位具有哪些意义？
- 为何设置这一岗位？
- 为这项工作投入经费会有何收益？

b. 工作的意义何在？

- 计算用于这个岗位的一年经费，如经营预算、销售额、用于员工本身的薪资和办公费用。
- 此岗位主管能否为部门节省大笔开支？能否年年如此？
- 岗位主管能否为公司创造不菲的收益？能否长期保持业绩？

c. 岗位在机构中的位置如何？

- 岗位任职者直接为谁效力？
- 哪些职位与他同属一个部门？
- 他最频繁地对内对外联系有哪些？

d. 需具备何种技术、管理及人际关系的协调能力？

- 岗位的基本要求是什么？
- 岗位主管的工作环境在技术、专业以及经济方面的状况如何？
- 需要哪些专业技术，按重要程度列出。要按事件发生的先后顺序举出工作中的实例来说明。
- 需要哪些能力，如沟通能力、语言表达能力和工作热情、毅力？
- 他对下属的工作士气的影响如何？
- 他可向谁寻求帮助？
- 他的自主权限有多大？
- 他向哪级主管负责？
- 他大部分时间在做什么？
- 在日常工作中，与技术知识相比，处理人际关系技巧的重要程度如何？

5.3.3 职位说明书编制

职位说明书的内容需涵盖以下三方面：基本资料、工作描述和任职资格说明。

（1）基本资料

包括职务名称、直接上级职位、所属部门、所辖人员、定员人数、工作性质等。

（2）工作描述

① 工作概要。用简练的语言说明工作的性质、任务和责任。

② 工作活动内容和工作职责。逐项说明工作活动内容和工作职责。

③ 工作结果。说明期望产生的结果，尽量量化此结果。

④ 工作关系。必要时说明此工作由谁监督，此工作监督谁，与哪些职位发生关系。

⑤ 工作设备和工具。必要时说明人员运用设备、工具和相关信息。

（3）任职资格说明

① 所需最低学历。

② 需要培训的科目。如驾驶能力、二手车鉴定资质、厂家规定的培训。

③ 从事本职工作和其他相关工作的年限和经验。

④ 一般能力。如计划、协调、实施、组织、控制、领导、冲突管理、公共关系、信息管理、沟通、语言表达等能力及需求强度等。

⑤ 性格需求。如外向、热情、有感染力等。

5.3.4 典型岗位职位说明书模板

典型岗位职位说明书模板见表5-14～表5-26。

表5-14 总经理职位说明书

岗位名称	总经理	任职人	×××	所属部门	
直接上级	董事会	直接下级	各部门主管	代理人	×××

续表

工作职责	1.全面主持公司的工作，确保经营目标的实现，确保公司资产的安全 2.根据董事会和厂家提出的战略目标和销售目标，制定和组织实施战略规划及年度经营计划、预算计划，完成年度销售任务、售后产值等经营目标 3.落实贯彻厂家的销售政策、售后服务政策、品牌经营方针和服务方针 4.主持公司的制度建设和业务流程建设 5.决定公司的组织体制和人事编制 6.随时了解本行业市场相关动态。每月、每季度针对所在公司实际状况进行分析并实施相应营销策略 7.公司内部运作的决策和实施，重大客户投诉处理的支持和指导 8.定期召集、主持办公会议及经营会议，检查、督促、协调各部门工作进展，保证公司正常运作 9.积极推进公司企业文化建设，提升4S店品牌形象 10.组织实施公司的年度经营计划 11.紧急事件的处理和预防
权责范围	1.对公司战略规划、经营管理、经营计划等方面具有决定权 2.对公司员工入职、晋升（降级）、考核、调薪、离职等具有审核权并承担相应责任 3.对公司内所有往来文件、合同等具有审阅权和签字权并承担相应责任 4.对公司所有财务开支具有签字权并承担相应责任 5.对公司所有资源等具有调配权并承担相应责任 6.对内、对外事务的管理责任
任职要求	1.本科以上学历，具有企业管理五年以上的工作经验 2.具有较强的企业经营和发展的管理能力 3.具有良好的判断和决策能力 4.具有较强的领导和协调、监督和指导的能力 5.经过厂家评估且培训合格

任职人		审核人员		批准人员	
签认日期		审核日期		批准日期	

表5-15　销售总监职位说明书

岗位名称	销售总监	任职人	×××	所属部门	销售部
直接上级	总经理	直接下级	展厅经理、大客户经理、整车计划与控制主管、二手车主管	代理人	×××
工作职责	1.作为公司销售业绩目的首要责任人，参与拟定年度销售计划，制定并完成公司的销售目标 2.完成市场占有率、销量、客户满意度等各项业绩指标 3.根据销售预算，进行销售成本控制，降低销售费用 4.负责制定区域内的销售策略和销售部门的工作程序及规章制度				

续表

工作职责	5.每月根据公司实际情况制定与之相适应的销售培训计划并组织实施 6.管理销售团队，为部门内员工制定合理的工作目标并提供支持 7.掌握当地行业市场动态，及时调整区域内营销策略 8.每月、每季度、每年度向所在公司总经理提交销售业绩分析报告 9.与厂家授权销售服务中心销售部门工作的协调和沟通 10.处理较大客户投诉 11.分支机构的业务支持、监督和销售目标管理 12.每周、每月定期召开部门例会
权责范围	1.对公司战略规划、经营管理、经营计划等方面具有建议权 2.对销售部所属员工及各项业务工作具有监督权、管理权 3.对本部门员工入职、晋升（降级）、考核、调薪、离职、绩效考核等具有审核权并承担相应责任 4.对公司内所有销售相关文件、合同等具有审阅权及建议权，同时对公司政策资料、客户资料保密 5.一定范围内的客诉赔偿权 6.一定范围内的销售折让权 7.对本部门所有资源调配具有建议权 8.对内、对外事务的管理责任
任职要求	1.大专以上学历，具有五年以上汽车行业工作经验，三年以上团队管理经验 2.具有较强的销售工作和团队管理能力 3.具有良好的人际交往和沟通能力 4.经厂家评估且培训合格

任职人		审核人员		批准人员	
签认日期		审核日期		批准日期	

表 5-16 展厅经理职位说明书

岗位名称	展厅经理	任职人	×××	所属部门	销售部
直接上级	销售总监	直接下级	销售顾问、销售支持、试乘试驾专员	代理人	×××
工作职责	1.协助销售总监完成年度、月度销售目标 2.负责销售顾问的计划分解销售任务和工作分配，并帮助和监督销售顾问执行规范，完成月度、周度销售目标 3.指导和监督销售顾问销售流程全过程的执行，协助达成销售目标 4.帮助和监督销售顾问制定有望客户管理跟进的措施和实施 5.协调展厅内相关销售业务 6.各类销售信息的及时传达 7.展厅车辆位置摆放，清洁跟进 8.负责本部门业务技巧的培训				

续表

权责范围	1.对公司营销策略、市场活动等方面具有建议权 2.对下属员工入职、晋升（降级）、考核、调薪、离职等具有建议权 3.对分管工作承担相应责任 4.对客户资料具有保密义务				
任职要求	1.大专以上学历，三年以上相关工作经验，一年以上团队管理经验 2.具有较强的销售工作和团队管理能力 3.具备良好的人际交往和沟通能力 4.需经厂家培训合格				
任职人		审核人员		批准人员	
签认日期		审核日期		批准日期	

表5-17　销售顾问职位说明书

岗位名称	销售顾问	任职人	×××	所属部门	销售部
直接上级	首席销售顾问	直接下级	无	代理人	×××
工作职责	1.完成协定的销售任务 2.负责与新、老客户的沟通和联系，寻找潜在客户并跟进接触，转换为成交客户 3.展厅销售业务接待，掌握销售核心流程的全过程 4.建立销售客户档案，及时上报客户信息 5.协助解决用户咨询与抱怨 6.展厅车辆保洁、移位 7.收集竞争对手资料				
权责范围	1.对销售部在日常管理方面等具有建议权 2.对每周销售目标具有建议权 3.对公司政策资料、客户资料具有保密义务 4.领导授予的其他权限				
任职要求	1.具有大专以上学历，仪表端庄，举止大方、得体 2.具有一年以上相关工作经验，对工作有热情、有毅力 3.具有轿车驾驶执照 4.具有良好的沟通能力和语言表达能力				
任职人		审核人员		批准人员	
签认日期		审核日期		批准日期	

表5-18　大客户主管职位说明书

岗位名称	大客户主管	任职人	×××	所属部门	销售部
直接上级	销售总监	直接下级	无	代理人	×××
工作职责	1.制定和完成大客户销售目标				

续表

工作职责	2.主动开发和维护大客户关系 3.提供具有特色的大客户服务内容 4.按照厂家的大客户销售政策开展业务 5.大客户资料的归档和上报 6.重大信息及时上报和传达				
权责范围	1.对公司在日常管理方面等具有建议权 2.对有关大客户往来文件、合同等具有审阅权，对分管范围内的文书、合同具有签字权并承担相应责任 3.对公司的政策资料、客户资料具有保密义务 4.对本部门现有资源等调配具有建议权 5.领导授予的其他权限				
任职要求	1.具有大专以上学历，两年以上相关工作经验 2.具有良好的沟通能力和人际关系 3.具有良好的判断能力和决策能力				
任职人		审核人员		批准人员	
签认日期		审核日期		批准日期	

表5-19 二手车主管职位说明书

岗位名称	二手车主管	任职人	×××	所属部门	销售部
直接上级	销售总监	直接下级	无	代理人	×××
工作职责	1.负责制定每月二手车业务目标和利润目标 2.负责二手车的车辆检测、鉴定、整修、展示和销售 3.拟定二手车最终的收购价格和销售价格 4.及时准确地掌握当地二手车市场信息				
权责范围	1.对公司在日常管理方面等具有建议权 2.对本部门现有资源等的调配具有建议权 3.领导授予的其他权限				
任职要求	1.具有大专以上学历，三年以上二手车转换工作经验 2.具有良好的沟通协调能力和业务独立运营能力 3.熟悉当地二手车市场行情，能对二手车给出符合市场行情的定价 4.熟悉车辆的整修项目、流程和费用 5.取得国家认可的二手车鉴定评估师执业资格				
任职人		审核人员		批准人员	
签认日期		审核日期		批准日期	

表5-20 计划与控制主管职位说明书

岗位名称	计控与控制主管	任职人	×××	所属部门	销售部
直接上级	销售总监	直接下级	车辆管理员	代理人	×××

续表

<table>
<tr><td>工作职责</td><td colspan="5">1.对公司年度销售目标、月滚动销售目标和周销售目标进行预测和规划
2.根据销售目标编制车辆年度、月度和周度要货计划
3.根据客户实际订单和公司需要实现的月度、周度订车计划向厂家发送订单
4.与销售总监和销售顾问进行沟通和协调，进行要货计划和订单的调整
5.计划和订单的执行情况与车辆状态的跟踪
6.收集各类市场信息用以目标预测
7.掌握车辆库存状况</td></tr>
<tr><td>权责范围</td><td colspan="5">1.对销售部在日常管理方面等具有建议权
2.对本部门现有资源等调配具有建议权
3.对本部门管辖的车辆证件、车钥匙具有保管权，并承担相应责任
4.领导授予的其他权限</td></tr>
<tr><td>任职要求</td><td colspan="5">1.具有大专以上学历，两年以上汽车行业从业经验
2.具有良好的沟通协调能力
3.具有一定的计划分析能力、计算机操作能力和数据处理能力</td></tr>
<tr><td>任职人</td><td></td><td>审核人员</td><td></td><td>批准人员</td><td></td></tr>
<tr><td>签认日期</td><td></td><td>审核日期</td><td></td><td>批准日期</td><td></td></tr>
</table>

表5-21　客户关爱总监职位说明书

<table>
<tr><td>岗位名称</td><td>客户关爱总监</td><td>任职人</td><td>×××</td><td>所属部门</td><td>客户关爱部</td></tr>
<tr><td>直接上级</td><td>总经理</td><td>直接下级</td><td>电话回访员、电话预约专员、客户招揽专员</td><td>代理人</td><td>×××</td></tr>
<tr><td>工作职责</td><td colspan="5">1.作为客户满意度的首要责任人，维护客户关系，传递厂家和4S店服务品牌价值
2.监督客户区域内（包括展厅和客户休息室）的场地、设施、布置，确保完好
3.管理和指导所有与客户直接接触的岗位人员，保证服务质量
4.每月根据公司销售、售后现状，制定提高客户满意度详细方案
5.负责客户回访和客户投诉工作的管理，并根据回访结果实施改进
6.负责公司重大客户投诉处理，必要情况下的客户接待
7.负责对与客户直接接触的岗位进行与客户满意度相关的业务培训和绩效考核</td></tr>
<tr><td>权责范围</td><td colspan="5">1.对公司战略规划、经营管理、经营计划等方面具有建议权
2.对分管业务的员工入职、晋升（降级）、考核、调薪、离职等具有审核权并承担相应责任
3.对公司内有关客户关爱往来文件、合同等具有审阅权，对分管范围内的文书、合同具有签字权并承担相应责任
4.对公司分管工作承担相应责任
5.对公司政策资料、客户资料具有保密义务
6.对内、对外事务的管理责任</td></tr>
</table>

续表

任职要求	1.大专以上学历，体貌端庄，五年以上服务行业工作经验 2.具有良好的培训技能和服务意识 3.具备专业的职业素养，有责任心，值得信赖 4.具备优秀的沟通技巧和亲和能力 5.经厂家评估且培训合格				
任职人		审核人员		批准人员	
签认日期		审核日期		批准日期	

表5-22　市场部经理职位说明书

岗位名称	市场经理	任职人	×××	所属部门	客户关爱部
直接上级	客户关爱总监	直接下级	广告推广专员、市场分析专员、DCC营销专员	代理人	×××
工作职责	1.帮助客户关爱总监提供市场营销策划方案，负责制定广告和市场活动的年度计划 2.组织和策划各类大中型活动，提高企业的知名度和影响力，提高公司销售车型在市场的占有率 3.搜集责任区域内竞争对手各类市场信息和市场发展动态，拟定各类车型的营销计划及新车型的市场开拓计划 4.协助总经理为公司的发展制定目标，制定宣传推广方案和计划 5.在符合厂家要求的条件下，对各类车型进行推广宣传，达到预计的效果 6.开展公关活动，与媒体、厂家建立良好的合作关系 7.负责展厅POS① 的布置和维护 8.主持公司广告业务和市场推广活动的开展和评估，制定和实施地区公关策略 9.负责对直接下属在职培训工作				
权责范围	1.对公司在日常管理方面等具有建议权 2.对下属员工入职、晋升（降级）、考核、调薪、离职等具有建议权 3.对本部门现有资源等调配具有建议权 4.对分管范围内的文书、合同具有签字权并承担相应责任 5.领导授予的其他权限				
任职要求	1.具有大专以上学历，四年以上汽车行业工作经验、三年以上市场营销工作经验 2.具有良好的分析能力和沟通能力 3.经厂家培训合格				
任职人		审核人员		批准人员	
签认日期		审核日期		批准日期	

① 展厅使用的形象物料、宣传物料等。

表5-23　电话回访员职位说明书

岗位名称	电话回访员	任职人	×××	所属部门	客户关爱部
直接上级	客户关爱总监	直接下级	无	代理人	×××
工作职责	1.收集准确、真实、详细的客户信息，建立客户档案，保证客户资料的完整性 2.负责成交客户的满意回访 3.通过电话、短信等各种途径为客户提供细心周到的售后服务提醒、咨询、预约和回访 4.协助相关业务员提供续保、年检等增值服务 5.利用经常与客户接触的机会，收集客户的抱怨及建议，持续挖掘用户需求，及时整理反馈给市场部经理，必要时提出自己的主张 6.客户抱怨的受理与协助解答 7.参与组织实施各类客户服务活动 8.做好客户意见反馈表，对客户投诉案例及时通知售后车间和前台，每日汇报给部门经理及总经理 9.及时提醒售后前台做好车主资料的更新及补充				
权责范围	1.对公司在客户关爱日常管理方面等具有建议权 2.对本部门现有资源等调配具有建议权 3.对公司营销政策、客户资料具有保密义务 4.领导授予的其他权限				
任职要求	1.具有中专以上学历 2.具有亲和能力、协调能力、优秀的沟通技能和良好的服务意识 3.声音甜美，谈吐优雅 4.熟悉档案管理和电脑操作 5.具有高度的工作责任感				
任职人		审核人员		批准人员	
签认日期		审核日期		批准日期	

表5-24　售后总监职位说明书

岗位名称	售后总监	任职人	×××	所属部门	售后服务部
直接上级	总经理	直接下级	服务经理、配件经理	代理人	×××
工作内容	1.策划公司的售后服务策略，制定相应的业务工作流程，并组织实施 2.制定维修业务、配件、附件销售的目标，合理分解为部门内部员工的工作目标，并提供支持 3.制定售后年度经营计划，并组织实施 4.组织对售后服务人员各项培训，确保售后服务人员掌握要求的技能和具备要求的服务意识 5.组织召开部门例会，及时发现工作中存在的问题，并进行处理、解决 6.掌握当地的汽车修理、配件、附件市场以及用户需求动态，分析公司售后服务业务的经营状况，发掘保养、维修、配件、附件市场潜力				

续表

工作内容	7.作为公司售后服务客户满意度的首要责任人				
权责范围	1.对公司经营管理、售后服务等方面具有建议权 2.对售后所有员工及各项业务工作具有监督权、管理权 3.对本部门员工入职、晋升（降级）、考核、调薪、离职等具有决定权 4.对公司内所有售后相关文件、合同等具有审阅权及建议权 5.一定范围内的维修折让权 6.对本部门所有资源调配具有建议权 7.对内、对外事务的管理责任				
任职要求	1.具有大专以上学历 2.具有五年以上汽车行业的工作经验，两年以上团队管理经验 3.具有较强的售后工作管理能力 4.具有良好的人际关系、沟通能力和心理素质 5.经厂家培训合格				
任职人		审核人员		批准人员	
签认日期		审核日期		批准日期	

表5-25　服务经理职位说明书

岗位名称	服务经理	任职人	×××	所属部门	售后服务部
直接上级	售后总监	直接下级	服务顾问、技术主管、索赔员、质量监督员、事故理赔专员、车间主管	代理人	×××
工作内容	1.制定维修业务指标，并合理分解为部门各员工的工作目标和提供必要的支持 2.每月根据公司销售、售后状况，制定提高客户满意度的详细方案 3.负责售后服务业务和控制售后服务流程，确保核心服务流程得以有效执行 4.指导、监督客服人员日常工作，保证客户档案的准确性和完整性，提高客户满意度 5.领导和监督索赔与商誉业务，处理批质量问题 6.负责本部门员工的绩效评估、岗位调整、培训发展计划及激励措施制定 7.跟踪和掌握当地汽车修理服务市场和用户需求动态				
权责范围	1.对本部门经营管理问题具有建议权 2.对客服部所属员工及各项业务工作具有监督权、管理权 3.对本部门员工入职、晋升（降级）、考核、调薪、离职等具有建议权 4.对公司内所有客户资料具有保管权并承担相应责任 5.对本部门所有资源调配具有建议权 6.对内、对外事务的管理责任				
任职要求	1.具有大专以上学历 2.具有五年以上汽车维修经验 3.具有一定的售后工作管理能力 4.具有良好的人际交往、沟通能力和心理素质 5.有轿车驾驶执照 6.经厂家培训合格				

续表

任职人		审核人员		批准人员	
签认日期		审核日期		批准日期	

表5-26　配件经理职位说明书

岗位名称	配件经理	任职人	×××	所属部门	售后服务部
直接上级	售后总监	直接下级	配件计划员、配件、附件销售员、仓库管理员	代理人	×××
工作内容	1.制定配件、附件销售的目标，并合理分解为部门内各员工的工作目标和提供支持，实现配件销售和利润的年度目标 2.根据厂家相关要求和市场实际需求合理调整库存，加快资金周转，减少滞销品种，并确保厂家账户中备有充足的保证金余额 3.负责拟定和实施配件定购计划、仓库管理制度操作流程 4.负责配件工作流程的不断优化；定期组织人员进行库存盘点 5.了解当地汽车配件、附件市场行情和用户需求动态，把握价格变动，制定合理价位，诚信经营，保证顾客满意度 6.负责本部门员工的绩效评估、岗位调整、培训发展计划及激励措施制定 7.公司领导安排的其他工作				
权责范围	1.对本部门经营管理具有建议权 2.对下属及工作具有监督权、管理权 3.对下属员工入职、晋升（降级）、考核、调薪、离职等具有建议权 4.对公司内所有配件相关文件、合同等具有审阅权及建议权 5.一定范围内的销售折让权 6.所管辖部门出现问题的连带责任 7.对内、对外事务的管理责任				
任职要求	1.具有大专以上学历 2.具有三年以上配件工作经验和一定的配件、附件业务工作管理能力 3.具有良好的人际交往、沟通能力和心理素质 4.经厂家培训合格				
任职人		审核人员		批准人员	
签认日期		审核日期		批准日期	

6

过程业绩检视和改进

4S

过程业绩检视和改进是4S店5R运营创新管理模式的第三部分。虽然4S店有了经营目标和行动计划，并且落实了执行的责任，但是在实际运营中，经营环境的变化可能会与预测的结果有差距，或者出现员工执行不到位的情况。如果不进行过程检视和跟踪，就无法及时发现经营过程中出现的偏差，存在的问题就不能得到及时纠正，4S店年初的经营计划就会流于形式。而且，随着计划的实施和经营环境的变化，目标和关键行动措施可能需要进行相应的适当修正和调整。因此，4S店必须通过数据信息系统和绩效跟踪例会等方法，以数据和事实为基础，对相关人员的业绩进行定期跟踪，以有效检视业务经营的发展情况，及时发现问题和采取改进措施，帮助有关人员达到确定的业绩目标，同时实现企业的经营目标。同时，由于过程业绩检视和改进采取以业绩为导向、以数据为基础、以解决问题为目的和对事不对人的管理原则，公开讨论4S店经营的问题，从而可有效地避免个人管理导致的经营风险。

6.1 过程业绩检视的概念

过程业绩检视就是由管理层组成的过程业绩检视机构，在对业务流程监视的基础上，通过报表和定期会议的形式，对各部门管理人员特别是经营目标的直接责任人，进行目标进度检查和计划执行情况检视的活动。有关责任人向过程业绩检视机构报告目标的完成情况、关键措施执行中存在的问题、解决方案和行动计划，从而使4S店能够及时准确地掌握阶段运营目标的实现情况，及时发现经营过程中存在的问题，并通过集体的智慧，及时找到解决方案，帮助责任部门和个人实现规定的目标，并确保4S店经营目标的实现。

过程业绩检视不仅使4S店管理者及时掌握经营的状况，及时发现问题和采取改进措施，确保经营目标的实现，而且还运用集体智慧的力量，不断鞭策和驱动员工个人向正确的方向迈进，实现个人的价值。

除此之外，4S店过程业绩检视机制的建立，还能够帮助4S店解决以下问题。

（1）避免个人管理带来的风险

在还没有建立过程业绩检视和改进系统或系统建立及运作不完全的4S店，总经理和部门经理的意志往往凌驾于公司和部门之上，他们的意见往往成为下属遵循和不敢抗拒的命令。在这种情况下，决策的效率往往很高，但同时给4S店带来巨大的风险。上司的意见也往往成为下属推脱责任的借口。

在成功建立和运作过程业绩检视和改进系统的4S店，部门经理和员工必须定期向由部门经理以上人员组成的业绩检视委员会报告自己的目标实现情况，以及存在的问题和解决方案，业绩检视委员会成员要对报告者的业绩和问题解决方案提出质询，并对解决方案进行评估，向报告者提出改进建议，帮助报告者达成目标。

（2）解决部门各自为政的顽疾

部门各自为政，是众多4S店存在的弊病。例如，市场部的推广计划与销售部的运作情况不协调，客户关爱活动组织与销售部和售后服务部的业务活动不协调等。通过过程业绩检视，各部门为实现业绩必须与其他部门良好沟通，从而促进了各部门间的良好配合和团队合作意识的建立，大家“心往一处想，劲往一处使”，解决了部门各自为政的弊病，规避了风险。

（3）解决“有人做事，无人负责”的困惑

通过过程业绩检视和改进平台，促使公司内部形成既有分工、又有合作的良好工作氛围，使各方面的有关人员都参与进来，在职责分明的前提下，各司其职，从而有效地推动了问题的解决。

（4）防止“宗派与小圈子”的风险

通过过程业绩检视和改进平台，使公司内部存在的问题能在公开的平台上解决，有效地消除了内部人员钩心斗角、互相拆台、互不买账的现象。

（5）减少“任人唯亲”的机会

通过过程业绩检视和改进平台，使高层管理者有机会考察中、低层管理人员的实际表现，比较客观地考察各级管理人员的管理能力，有利于4S店发现人才和公平选拔人才。

（6）促进“知识共享”

通过过程业绩检视和改进平台，每个人都必须对自己的主要业绩行为进行分析，从成功的事例中总结和提炼经验，从失败的事例中得出教训，从而提出改进绩效的行动和措施。因此，过程业绩检视和改进通过不断发掘管理者的潜能，让管理层分享了他人的经验和知识，有效地将隐性知识显性化，有利于公司知识的积累。

6.2 有效开展“过程业绩检视和改进”的方法

6.2.1 业务流程检视

4S店的业务执行由大量的流程组成，这些流程构成业务执行的基本单位。这些流程可能包括市场活动策划及执行等集客过程；客户接待、产品介绍、试乘试驾、客户跟踪、交易洽谈、新车交车等新车销售过程；新车上牌、装潢、信贷、二手车置换的延伸服务过程；维修客户接待、维修进程管理、维修质量控制、洗车过程和洗车质量控制、维修车辆完工交车等维修服务过程；客户回访、客户投诉处理、客户俱乐部管理等客户关怀过程。可以说，这些业务流程覆盖了4S店运营的方方面面，对业务流程的识别和策划越细致，4S店的管理就越精细。

对业务流程的识别和策划，为业务执行提供了基础。但是，业务流程执行的目的，是希望更加有效率地实现业务目标。因此，必须对每个业务流程识别关键控制点并设置监控指标，使业务流程执行的人员和管理者能及时了解流程运行的状况，能够及时发现可能存在的问题并及时解决。

表6-1列出了销售业务流程监控点，是一个业务流程识别、监控点设置的示例，售后服务流程、市场推广业务流程、客户服务业务流程和人力资源管理流程的识别和监控策划可以按照这个模板设计。

对业务流程的检视不但使流程的执行人和管理者及时掌握流程运作的状况、效果以及业绩进展的情况，使流程执行人能够及时采取纠正行动，同时也为公司的过程业绩检视提供了大量翔实的数据和检讨的依据。

表6-1 销售业务流程监控点

流程	关键点	监控指标	监控频次	监控方法	数据来源	统计方法	监控责任人	记录
客户接待	客户留档	客户留档率	每周/月	数据统计	客流登记表	百分比		
		客户级别	每周/月	数据统计	客户信息卡	饼图		
试乘试驾	自动邀请	试乘试驾率	每周/月	数据统计	试乘试驾登记表 试乘试驾协议书 客流登记表	百分比		
	试乘试驾车管理	车辆符合率	每周/月	日常车况和记录检查	定期PDI检查记录 试乘试驾车清洁记录 试乘试驾车保养记录	百分比		
客户跟踪	有效跟踪	客户及时跟踪率	每天/周/月	数据统计	客流登记表 CRM系统	百分比		
		客户再回展厅率	每周/月	数据统计	客流登记表 CRM系统	百分比		
洽谈签约	签约成交	签约率	每月	数据统计	销售合同 客户信息卡	百分比		
		成交率	每月	数据统计	销售合同 销售发票 客户信息卡	百分比		
		延伸服务率	每月	数据统计	延伸服务登记 销售发票	百分比		
新车交车	客户满意率	客户满意率	每月	数据统计	新车客户回访记录	百分比		
		客户信息准确率	每月	数据统计	交车面谈记录 销售顾问提交资料	百分比		

6.2.2 过程业绩检视组织

（1）过程业绩检视组织的构成

过程业绩检视机构由过程业绩检视委员会和各级业绩跟踪小组组成。过程业绩检视委员会由总经理、销售总监、售后总监、客户关爱总监、财务经理和人事行政经理构成，是4S店进行业绩检视和解决所发现问题的非常设机构。过程业绩检视委员会各成员在业绩质询时处于平等的地位。

（2）过程业绩检视委员会的工作职能

① 对销售和售后业务工作阶段性结果进行监视，帮助所质询的人员分析出现偏差的原因，并对其拟定的改进措施给予评估和指导。

② 敦促、监督责任人提出行动改进措施并跟踪行动改进措施实施的效果。

③ 对责任人的行动改进措施的适当性负责。

（3）过程业绩检视委员会的组织结构

过程业绩检视委员会的组织结构如图6-1所示。

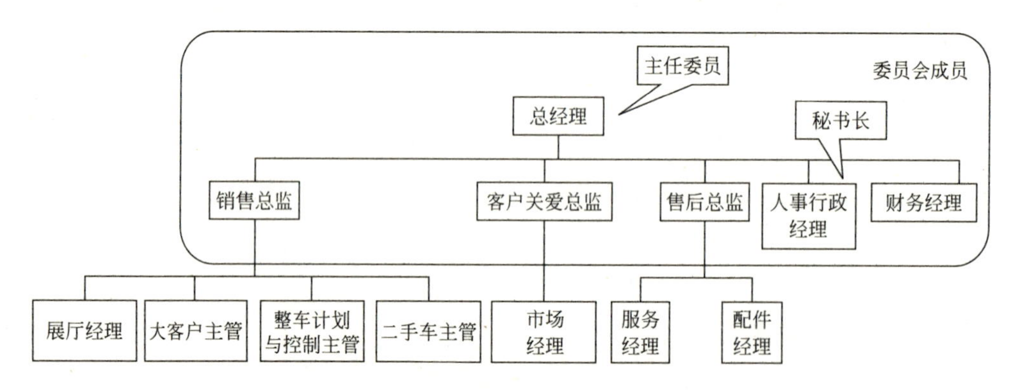

图6-1 过程业绩检视委员会的组织结构

6.2.3 过程业绩检视的开展

（1） 过程业绩检视的四项基本原则

① 以经营结果为导向 过程业绩检视的主要目的是及时发现运营结果与4S店经营目标的偏离情况，以便及时发现问题和采取对应的改善措施，因而首先要重视运作结果，对没有达成目标的情况不能寻找借口。

② 以运作数据为依据 强调“以数据说话”的观点，要求被质询人在汇报业绩时要对应绩效指标汇报具体的业绩数据，并由财务部门和相关数据统计部门或人员，对被质询人员所汇报数据的真实性和准确性进行核对，尽量不使用定性描述和没有根据的描述，以避免夸夸其谈和虚报业绩、

掩盖问题。

③ 以寻找差距和解决问题为目的　对出现业绩差距的原因分析要以过程分析为基础，例如对销售目标没有完成的情况，可以从客流量、客户留档率、试乘试驾率、客户需求分析完整率、客户跟踪有效率、成交率等过程数据进行分析，准确定所位差距产生的原因，以提高所采取的改善措施的准确性、针对性和有效性。

④ 对事不对人　业绩质询的过程是寻找问题和改进措施的过程，质询人员可以质问被质询人员有关数据来源、针对发现的问题如何分析和采取了什么改进措施、效果如何，也可以对问题分析的程度如深度和全面性等，以及所采取的改善措施的针对性和力度、资源耗费等进行评论和提供建议，帮助当事人更清楚地认识问题和确定改进措施。切不能对当事人横加指责，或进行人身攻击。

（2）业绩汇报的具体内容

在过程业绩检视的会议上，对报告者的报告内容和时间必须进行限定，防止东拉西扯、文不对题。一般，在月度过程业绩检视会议上，每个人的报告时间应限制在15～30分钟。对季度和半年的过程业绩检视，每个人的报告时间可以适当延长。报告的内容主要包括以下几方面。

① 目标及实现情况的陈述。

② 主要业绩行为分析（成功事例分析、提炼经验）。

③ 主要问题分析（过程分析和失败事例分析）。

④ 竞争对手及市场状况分析，面临的挑战和威胁。

⑤ 绩效改进的主要措施和行动要点。

⑥ 能力提升要点和方法。

⑦ 要求得到的支持和配合。

⑧ 目标调整要求等。

过程业绩检视的目的，除了被质询者陈述目标承诺和分析差距的原因外，更重要的是要提出绩效改进措施、能力提升要点和寻求支持。改进的措施就是通过对成功事例和失败事例的分析，提出具体的改进计划。这种分析必须针对部门的KPI及其实现的关键措施，对根源性的原因进行分析，分析时通常要通过市场的数据与竞争对手或最佳基准进行比较。销售顾问间业绩和措施的比较可以促进销售顾问互相学习，并使改进措施更加有针对性和可操作性。提出的改进措施将是下一期需要承诺的主要内容，也是质询的重点。能力提升要点是通过业绩的回顾，明确自己能力的不足，特别是回顾失败的事例，明晰个人和团队能力上存在的主要问题，并针对这些问题提出自己的能力提升计划。另外，针对下一步的目标、改进措施和能力提升计划的实施可能遇到的问题和障碍必须进行估计，并提出需要相关部门和人员配合与支持的要求。

6.2.4 过程业绩检视的层次和周期

处在企业生命周期中不同时期的4S店的过程业绩检视周期可能不同，对于一般情况的4S店，针对不同层次的人员可以采用表6-2所示的过程业绩检视频次。

表6-2 过程业绩检视频次

周期		年度	半年度	季度	月度	周度
1	总经理	✓	✓			
2	销售总监	✓	✓	✓		
	售后总监	✓	✓	✓		
	客户关爱总监	✓	✓	✓		
	财务经理	✓	✓	✓		
	人事行政经理	✓	✓	✓		
3	展厅经理	✓	✓	✓	✓	
	分支机构负责人、市场经理	✓	✓	✓	✓	
	计划与控制主管	✓	✓	✓	✓	
	服务经理	✓	✓	✓	✓	
	配件经理	✓	✓	✓	✓	
	技术主管	✓	✓	✓	✓	
4	销售顾问	✓	✓	✓	✓	✓
	大客户主管	✓	✓	✓	✓	
	二手车主管	✓	✓	✓	✓	
	服务顾问	✓	✓	✓	✓	
	索赔员	✓	✓	✓	✓	
	其他人员	✓	✓	✓	✓	

6.2.5 过程业绩检视会议

过程业绩检视会议是过程业绩检视的主要方法和手段，过程业绩检视会议的成功与否关系到过程业绩检视能否成功。充分预计到会议中可能发生的各种情况，并合理安排过程业绩检视会议议程是成功开好过程业绩检视会议的前提和必要保障。

在过程业绩检视会议中，每个参加质询的人员要牢记过程业绩检视的四项基本原则，即以经营结果为导向、以运作数据为依据、以寻找差距和解决问题为目的和对事不对人的原则，以民主、公开、团队协作和讲究实效的心态，敞开心扉，对所遇到的问题采取“接进来”的态度，从追求公司利益最大化的角度审视被质询人的目标、问题、措施和要求，为被质询者出谋献策，帮助其确定改进措施并承诺提供自己职责范围内的支持。参与者不能把过程业绩检视会议开成大家推卸责任、评价被质询者绩效甚至追究被质询者责任的会议。

6.2.6 过程业绩检视会议议程的合理安排

过程业绩检视会议议程由人事行政部安排，开会时间由人事行政部与相关部门或人员商定。会议议程安排的注意事项如下。

① 确定好会议的目的及时间。

② 安排好汇报顺序和汇报时间。

③ 提供充分的自由讨论和沟通时间。

④ 时间安排要留有余地。

⑤ 会议总结简明扼要。

为确保在有限的时间内使质询会议富有成果，会议前的准备至关重要。具体包括下述内容。

① 业绩数据收集和预算计划资料的收集。

② 各部门报告编写和PPT制作。

③ 资料汇总、复制和提前分发。

④ 上期过程业绩检视会议的记录等。

6.2.7 过程业绩检视会议开会的方法

（1）业绩汇报

① 用数据说明实际结果与计划的偏离。

② 说明产生偏离的原因，并将其分解为内部原因和外部原因。

③ 提出改进方案和资源要求。

（2）业绩质询

① 确认业绩差距。

② 确认造成业绩差距所存在问题的原因。

③ 确定所存在问题的关联部门。

④ 审议报告人提出的解决方案的适当性。

⑤ 针对问题，界定责任人，确定解决方案。

⑥ 落实责任人。

6.2.8 过程业绩检视会议工作流程模板

过程业绩检视会议工作流程

（一）会前准备

人事行政部在会前1周下发会议通知，公布会议的目的、时间、地点、参加人员和会议议程。

1.会议目的：通过过程业绩检视会议，以公开讨论和质询的形式，找到阶段工作中存在的问题，并制定各部门的行动改进计划。

2.开会时间：（略）。

3.开会地点：（略）。

4.参会人员：总经理，销售总监，售后总监，展厅经理、大客户主管、二手车主管、二级网点经理、客户关爱总监、市场经理、计划与控制主管、服务经理、车间主管、配件经理、人事行政经理。

5.准备材料

① 人事行政部下发会议议程及规则、材料要求（提前1周）。

② 各部门准备业绩数据资料（提前3天）。

③ 检视委员会成员提前审阅业绩报表和相关资料，准备质询点。

④ 制作PPT。

6.会务安排：确定会议主席、记录员等。

（二）会议议程

1.总经理宣布会议目的，提出希望达到的结果（时间：3～5分钟）。

2.各部门轮流汇报，汇报顺序及内容见表1。

表1 各部门汇报顺序及内容

部门	汇报内容	时间
财务部	通报上一阶段公司总体财务数据及各部门各业务单元业绩完成情况	10～15分钟
销售部	1.目标及实现情况汇报：包括销量、销售额、费用和毛利率、毛利额；有望客户发展、客流量、留档率、客户跟踪率、客户再回展厅率、试乘试驾率、有望客户转化率、延伸服务率和销售额、试乘试驾车完好率、SSI[①]成绩、神秘客户调查成绩、厂家销售标准检查成绩等 2.关键措施执行和效果分析 ① 上阶段工作回顾：任务和目标完成情况、成功经验及不足 ② 市场分析：主要分析自身和竞争对手 ③ 计划措施：目标客户、产品组合、客户开发措施、销售流程及执行改进、配合要求 3.下阶段资源要求：销售费用及人员要求	30分钟
市场部	1.目标及实现情况汇报：市场推广及市场活动情况、客流量完成率、客流结构变化、客流渠道变化、客流级别变化、客流与目标客户吻合度、单客吸引成本、各活动形式和媒体吸引客户的有效性评价等 2.关键措施执行和效果分析 ① 上阶段工作回顾：任务和目标完成情况、成功经验及不足 ② 市场分析：竞争对手营销策略分析和对策 ③ 计划措施：目标客户特征调整、市场推广活动计划和配合要求 3.下阶段资源要求：营销费用等	30分钟
售后服务部	1.目标及实现情况汇报：总维修台次、产值、客户保有量、客	15分钟

续表

部门	汇报内容	时间
售后服务部	单价水平、返修率、及时交车率、维修费用预估准确率、索赔准确率、CSI② 成绩、神秘客户调查成绩、洗车质量检查合格率、客户流失率变化、厂家售后标准检查成绩等 2. 关键措施执行和效果分析 ① 上阶段工作回顾：任务完成情况、成功经验及不足 ② 对手分析：对手客户关爱策略、生产率等，差距在哪里 ③ 计划措施：核心服务流程改进、产能实现、设备更新、其他资源需求 3. 下阶段资源要求	15分钟
客户关爱部	1. 目标及实现情况汇报：客户满意度内部调查结果、SSI① 成绩、CSI② 成绩、神秘客户调查成绩、客户及时回访率、客户回访覆盖率、客户回访成功率、客户俱乐部参加率、客户转介绍率、客户关爱活动效果评估、客户投诉次数、客户投诉一次处理率、客户流失率统计结果、流失客户招揽率和回厂率等 2. 关键措施执行和效果分析 ① 上阶段工作回顾：任务完成情况、成功经验及不足 ② 计划措施：改进措施、资源需求、费用要求、配合要求等	15分钟
计划与控制部	1. 目标及实现情况汇报：库存量、库存额、库存周转率（库存当量）、呆滞数量（长库龄数量）、库存结构合理性评估等 2. 关键措施执行和效果分析 ① 上阶段工作回顾：任务完成情况、成功经验及不足 ② 计划措施：采购计划准确性措施、库存当量控制措施、长库龄车辆消化要求等 3. 下阶段资源要求：资金需求、场地需求等	10分钟
配件部	1. 目标及实现情况汇报：库存量、库存额、库存周转率、呆滞数量和呆滞额、定期盘点结果（盘盈盘亏情况）、紧急订货次数等 2. 关键措施执行和效果分析 ① 上阶段工作回顾：任务完成情况、成功经验及不足 ② 计划措施：采购成本控制计划、呆滞配件销售计划 3. 下阶段资源要求：资金需求、场地需求	10分钟
人事行政部	1. 目标及实现情况汇报：人员配置率、招聘按时完成率、人员任职资格鉴定合格率、培训计划执行率、人员培训合格率、人员流失率、员工满意度、计算机系统故障率、薪资规模与目标的偏差、展厅内外硬件和设施合格率、卫生间清洁情况等 2. 关键措施执行和效果分析 ① 上年度工作回顾：任务完成情况、成功经验及不足 ② 人力资源分析：人员配置和总体薪资结构是否合理（与市场平均水平比较、与竞争对手比较、员工薪酬是否与业绩合理挂钩）	15分钟

续表

部门	汇报内容	时间
人事行政部	③ 计划措施：薪资结构与水平调整计划、短期激励计划、长期绩效考核计划、年度招聘培训计划、年度培训计划等 3. 下阶段资源要求：费用需求	15分钟

① 整车销售过程满意度。② 售后服务过程满意度。

3. 其他部门针对汇报内容进行质询（表2）。

表2　其他部门针对汇报内容的质询

被质询部门	质询内容记录	被质询负责人回答记录	时间
销售部	使用两类数据质询，一是与自己的历史数据纵向比较，二是与竞争对手及区域其他同品牌经销商横向比较，差距在什么地方？没有完成销售任务的原因？有没有浪费客流资源？改进措施是否合理？		
市场部	① 客流量有没有满足销售任务要求 ② 形成的客流满足目标客户特征的程度 ③ 有没有差异化的市场手段 ④ 集客单价有无超标 ⑤ 改进措施是否合理		
售后服务部	① 维修台次和产值任务有没有完成？又将任务分解到每个服务顾问吗 ② 维修数量是否与保有量匹配？什么原因导致不匹配？维修客单价是否合理？是否还有空间 ③ 维修费用和维修时间预估的差错率是多少？能不能减少客户的修理等待时间？客休区环境舒适吗		
计划与控制部/配件部	① 库存总量、成本和库存周转率达到目标要求吗？有什么办法改善 ② 盘盈盘亏的原因 ③ 长库龄库存的处理措施		
人事行政部	① 人员配置什么时候到位？对任职人员的技能是否满足要求如何评价 ② 薪资水平为什么比别的公司高，而业绩却差很多 ③ 为什么人员流动率高		

此外，各部门负责人对关联部门提出的配合和支持要求要予以回应和承诺。对于不能提供支持的情况，关联的部门应提出理由。如果责任部门提出的改善措施超出本部门的职能范围，在没有得到相关部门必要的支持和公司资源支持的情况下，该措施不能成立，应重新制定措施。对各项改进措施，均应明确责任部门、人员和完成时间。

4.总经理宣布闭会。

① 复述会议的目标。

② 总结会议所取得的成果。

（三）会议后

1.人事行政部应在会议结束后24小时内，整理好会议记录，总结会议成果，送总经理确认。会议总结应确认各部门的改进措施和时间要求。

2.经确认的会议总结分发至相关部门和人员。

3.各部门应根据会议总结制定改进行动表，落实责任人员，报人事行政部汇总。

4.人事行政部应对质询会议的过程和结果进行评估，并对参加会议人员的表现逐人进行评价。

5.人事行政部对质询会议的资料应收集并归档。

6.2.9 行动改进表示例

业绩跟踪行动改进记录表见表6-3。

表6-3 业绩跟踪行动改进记录表

编号：

单 位		负责人		日 期	
改进事项描述：					

续表

改进措施		预期结果	时间要求	责任人	跟踪结果
备注：					

对行动改进的跟踪一般由人事行政部指定人员进行，跟踪结果向总经理汇报。改进结果要尽量用量化的数据来表示，防止结果表述的空洞化。对改进无效或不能达成预定目标的，负责人要向业绩质询委员会进行合理说明。

6.2.10 业绩看板

业绩看板是业绩质询的一个良好的工具。在看板上，把各部门设定的目标予以公布，每月底把各部门当月的目标完成情况和上月改进行动的有效性予以公示，完成目标以及改进行动措施有效的用“●”表示，完成目标80%以下及改进行动措施无效，不能达成目标的用“○”表示，未完成目标但达80%以上及改进行动措施无效，不能完全达成目标的用“□”表示，公布各部门及人员的业绩。

各部门也可以制作本部门的业绩看板，例如销售部在业绩看板上每月公布每一位销售顾问的销售任务、留档客户数量、延伸服务任务、客户满意度和留档率、试乘试驾率、成交率等目标，并将完成情况动态公布；售后服务部在业绩看板上每月公布每位服务顾问的产值、维修台次、精品附件销售、CSI及MS成绩等目标，并将完成情况动态公布。

业绩看板会给各部门负责人和员工带来压力和动力，促使他们想方设法去完成任务。

6.3 业绩的基础信息和报表

业绩报表提供的基础信息是过程业绩检视的依据和基础。过程业绩检视委员会成员在每次质询前应反复研究主要的业绩报表和各部门的业务流程监视数据报表，尽量通过对报表的阅读预先了解整个公司当前的经营状况和与经营目标的差距所在，以及需要改进的方向。

这些报表主要包括销售计划执行情况的报表、售后业务运行情况的报表和财务运行情况的报表，必要时还需要收集支撑这些报表的过程报表信息。

提供以下报表模板供参考。

6.3.1 销售质询报表模板

（1）销售任务完成情况和销售计划滚动跟踪表（表6-4）

表6-4 销售任务完成情况和销售计划滚动跟踪表

项目		1月	2月	3月	4月	5月	6月	7月	8月	9月	10月	11月	12月	合计
整车销售	整车销售任务													
	实际完成销量													
	滚动销售计划													
精品销售	精品销售任务													
	实际完成销量													
保险销售	保险销售目标													

续表

项目		1月	2月	3月	4月	5月	6月	7月	8月	9月	10月	11月	12月	合计
保险销售	实际完成销量													
二手车置换	二手车置换任务													
	实际完成置换量													
	滚动任务计划													

填表人： 填表日期：

整车销售和二手车置换中的“滚动销售计划”和“滚动任务计划”是每月根据本年度以前月份已完成销量计算全年未完成销售任务，并以此为依据重新安排本年度未来各月份的销售计划。

（2）月度整车销售目标执行情况跟踪表（表6-5）

表6-5 ____月份整车销售目标执行情况跟踪表

项目		目标	实际执行	差异	重大差异原因
销量	车型1				
	车型2				
	车型3				
	车型4				
	车型5				
	……				
	合计				
销售溢价率	车型1				
	车型2				
	车型3				
	车型4				
	车型5				
	……				

填表人： 填表日期：

（3）月度销售目标计划执行情况跟踪表（表6-6）

表6-6　____月份销售目标计划执行情况跟踪表

项目		目标	实际执行	差异	重大差异原因
销量	零售				
	大客户				
	装潢				
	保险				
	金融				
	合计				
销售额	零售				
	大客户				
	装潢				
	保险				
	金融				
	合计				
SSI	分数				
	排名				
销售过程	客流量				
	有望客户数				
	有望客户获取率				
	有望客户跟踪率				
	试乘试驾率				
	订单成交率				
	订单转化率				
	有望客户战败率				
	客户投诉率				
客户关爱	老客户转介绍率				
	客户回访率				

填表人：　　　　　　　　　　　　　　　　　填表日期：

（4）月度销售顾问销售业绩报告表（表6-7）

表6-7 ____月份销售顾问销售业绩报告表

销售顾问																				备注
项目		目标	成绩	达成率/%	目标	成绩	达成率/%	目标	成绩	达成率/%	目标	成绩	达成率/%	目标	成绩	达成率/%	目标	成绩	达成率/%	
有望客户录入数																				
试乘试驾数																				
转化率																				
精品																				
保险																				
整车销售																				
整车销售实绩		订单	销售	挑战	订单	销售	挑战	订单	销售	挑战	订单	销售	挑战	订单	销售	挑战	订单	销售	挑战	
车型1	本月业绩																			
	本月目标																			
	上月业绩																			
车型2	本月业绩																			
	本月目标																			
	上月业绩																			
车型3	本月业绩																			
	本月目标																			
	上月业绩																			
车型4	本月业绩																			
	本月目标																			
	上月业绩																			

制表： 审核： 销售总监： 日期：

（5）周度/月度展厅销售过程跟踪表（表6-8）

表6-8 周度/月度展厅销售过程跟踪表

时间：____年____月____日—____年____月____日																									
销售顾问	新增展厅客流量				新增留档数			有望客户获取率	试乘试驾数	试乘试驾率	订单数	有望客户转换率	退单数	有效订单丢失率	开票数	任务数	销售目标达成率	意向客户数							
	一次来店	来电	再回	合计	来店	来电	合计											H	A	B	C	D	E	F	G	I
会议总结：（展厅及每一位销售顾问的销售进度/跟进情况/有望获取率/试驾率/成交率）																									
客流来源及数量A：报纸 B：电视 C:电台 D:杂志 E：广告牌 F：网络 G：朋友介绍 H：基盘 I:其他																									

6.3.2 售后质询报表模板

售后质询报表模板见表6-9。

表6-9 售后目标执行情况跟踪表

项目		1月	2月	3月	4月	5月	6月	7月	8月	9月	10月	11月	12月	合计/平均
产值	目标													
	实际													
	差异													
	差异比例													
修理台次	目标													
	实际													
	差异													
	差异比例													
CSI①	目标													
	实际													
	差异													
	差异比例													
客户投诉率	目标													
	实际													
	差异													
	差异比例													

续表

项目		1月	2月	3月	4月	5月	6月	7月	8月	9月	10月	11月	12月	合计/平均
利润	目标													
	实际													
	差异													
	差异比例													
汽车保有量	目标													
	实际													
	差异													
	差异比例													
客户档案数	目标													
	实际													
	差异													
	差异比例													
活跃客户档案数	目标													
	实际													
	差异													
	差异比例													
客户流失量	目标													
	实际													
	差异													
	差异比例													

续表

项目		1月	2月	3月	4月	5月	6月	7月	8月	9月	10月	11月	12月	合计/平均
新增客户数	目标													
	实际													
	差异													
	差异比例													
维修总平均单价	目标													
	实际													
	差异													
	差异比例													
毛利率	目标													
	实际													
	差异													
	差异比例													
大客户修理台次	目标													
	实际													
	差异													
	差异比例													
事故车或钣喷维修台次	目标													
	实际													
	差异													
	差异比例													

续表

项目		1月	2月	3月	4月	5月	6月	7月	8月	9月	10月	11月	12月	合计/平均
首保台次	目标													
	实际													
	差异													
	差异比例													
工时费收入	目标													
	实际													
	差异													
	差异比例													
索赔首保工时收入	目标													
	实际													
	差异													
	差异比例													
保险单价	目标													
	实际													
	差异													
	差异比例													
配件销售收入	目标													
	实际													
	差异													
	差异比例													

续表

项目		1月	2月	3月	4月	5月	6月	7月	8月	9月	10月	11月	12月	合计/平均
配件销售毛利率	目标													
	实际													
	差异													
	差异比例													
附件销售收入	目标													
	实际													
	差异													
	差异比例													
附件销售毛利率	目标													
	实际													
	差异													
	差异比例													
外返率	目标													
	实际													
	差异													
	差异比例													
内返率	目标													
	实际													
	差异													
	差异比例													

续表

项目		1月	2月	3月	4月	5月	6月	7月	8月	9月	10月	11月	12月	合计/平均
员工利用率	目标													
	实际													
	差异													
	差异比例													
工位使用率	目标													
	实际													
	差异													
	差异比例													
配件库存周转率	目标													
	实际													
	差异													
	差异比例													
配件基础库存符合率	目标													
	实际													
	差异													
	差异比例													
缺件率	目标													
	实际													
	差异													
	差异比例													

续表

项目		1月	2月	3月	4月	5月	6月	7月	8月	9月	10月	11月	12月	合计/平均
配件销售完成率	目标													
	实际													
	差异													
	差异比例													
配件外采率	目标													
	实际													
	差异													
	差异比例													
附件基础库存符合率	目标													
	实际													
	差异													
	差异比例													
附件库存金额	目标													
	实际													
	差异													
	差异比例													
附件库存周转率	目标													
	实际													
	差异													
	差异比例													

续表

项目		1月	2月	3月	4月	5月	6月	7月	8月	9月	10月	11月	12月	合计/平均
委托书更改率	目标													
	实际													
	差异													
	差异比例													
准时交车率	目标													
	实际													
	差异													
	差异比例													
预计维修金额准确率	目标													
	实际													
	差异													
	差异比例													
SSI[2]	目标													
	实际													
	差异													
	差异比例													
客户流失率	目标													
	实际													
	差异													
	差异比例													

续表

项目		1月	2月	3月	4月	5月	6月	7月	8月	9月	10月	11月	12月	合计/平均
索赔申请准确率	目标													
	实际													
	差异													
	差异比例													
重复索赔维修率	目标													
	实际													
	差异													
	差异比例													
……	目标													
	实际													
	差异													
	差异比例													

① 售后服务过程满意度。② 整车销售过程满意度。

7

绩效考核和公平激励

4S

绩效考核和公平激励是4S店5R运营创新管理模式的第四部分。4S店经过实施年度经营计划，不管是否最终达成经营目标，都获得了一系列经营结果。根据公司与员工的绩效合同，公司必须依据员工实现约定业绩目标的程度兑现对员工报酬和奖惩承诺。如果不能按贡献取酬，多劳多得，员工就没有积极性，工作效率势必低下。此外，根据对员工绩效、能力和工作态度评估的结果，4S店需要对员工做出升职、降职、培训、淘汰的决策，以进一步激励员工，实现能者上劣者汰和凝聚优秀员工。绩效考核和公平激励通过建立不同序列岗位的绩效评估方法、员工能力评估方法、薪资制度和人力资源矩阵，将企业利益和个人利益直接挂钩，为绩效优秀的员工提供更好的薪酬、晋升、培训机会，促进绩效中等的人员向绩效优秀的人员转化，把绩效和态度及能力低下的人员淘汰出局，以全方位的激励方式，促进4S店形成以制度和文化凝聚人、以绩效为导向的公平向上的企业文化。

7.1 绩效考核和激励系统的构成

绩效考核和激励系统的构成如图7-1所示。

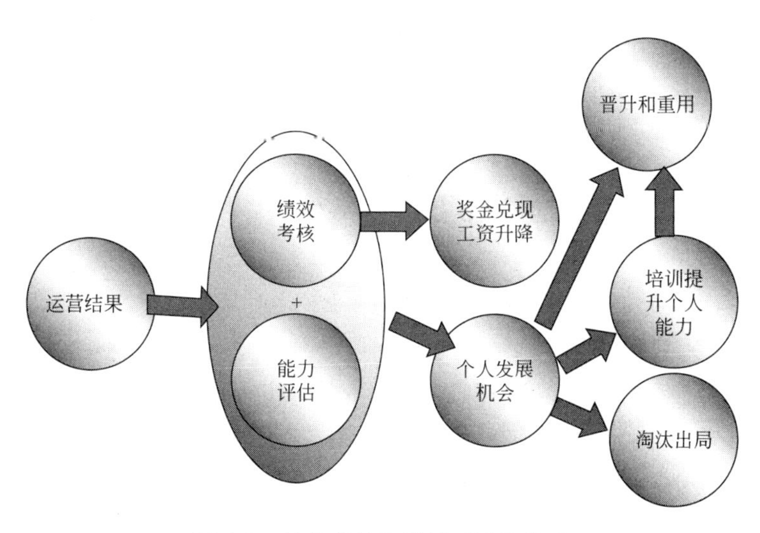

图7-1 绩效考核和激励系统的构成

在每个运营周期结束后，4S店必须按照绩效考核的周期安排对相应的员工进行绩效的评价，并根据评价的结果和业绩合同的约定当期向被考核者兑现奖金和工资升降的承诺，以激励员工的工作热情。

一般而言，在每个经营年度结束后，4S店还要根据员工全年绩效的情况和公司对员工工作能力和工作态度的评价，确定员工的职业发展。例如，给能力强、态度好、业绩优秀的员工提升职务，将工作态度差、业绩低下的员工辞退。

7.2 绩效考核

7.2.1 绩效考核的目的

① 确认员工的价值和工作成果，为薪资调整、职位晋升等提供客观依据，提高员工在工作执行中的主动性，促进员工工作能力的发挥。

② 通过上下级的绩效谈话，帮助员工理解上司对自己的要求和明白“工作做得好”的标准，寻找职业能力的不足并明确如何提高职业能力和绩效。

③ 创造公平的评价和分配机制，个人利益和公司利益挂钩，促使以结果为导向的企业文化的形成。

7.2.2 绩效考核的基本原则

① 结果导向原则。绩效考核注重结果不注重过程，考核方法要严格、透明、科学。

② 统一标准原则。统一采用标准的计算方法对员工个人绩效进行评估，确保打分机制公开、公平和公正。

③ 垂直考核原则。采取逐级考核、隔级审查的方式，既确保考核标准与员工业绩合同一致，让员工充分认识上司的要求和理解“工作完成得

好”是什么意思，又防止由于上司的偏差产生考核结果不公。通过隔级审查，杜绝徇私舞弊情况的出现。

④ 沟通交流原则。考核人与被考核人应就绩效统计数据、需要确认的评估结果充分沟通。被考核人有权对考核计算过程中表示异议的部分向隔级上司提出申诉，被申诉考核人需在1周内提出书面解释提交上司申请复议，隔级上司需在2个工作日内将复议结果通知申诉人。

⑤ 客观公正原则。考核的评价标准要量化，使对同一员工的考核，无论由人事部门、用人部门还是员工本人进行评估都能得到一致的结果。考核的内容条款及考核准则与公司或上司与员工所签订的业绩合同内容要一致，确保考核内容对员工的公正性。

7.2.3 绩效考核与过程业绩检视的区别

绩效考核和过程业绩检视的区别表现在以下方面。

（1）目的不同

绩效考核是对员工的绩效或者说是对经营结果的确认，以结果为导向，是“盖棺定论”，目的是论功行赏。同时，通过考核，帮助员工认识不足，改进工作方法。

过程业绩检视是对经营过程的监视，目的是评估风险，遏制偏离，是帮助员工修正行动计划、实现目标。

（2）方法不同

① 绩效考核主要是上司对下属的考核，上司要通过统计数据与下属共同确认下属的绩效结果，并通过谈话让下属认识不足和努力方向，包括个人的发展方向。通过绩效考核，对员工的业绩做出评价。

② 过程业绩检视是过程业绩检视组织在各个确定的阶段审查目标、任务和经营计划的执行情况，及时帮助责任人发现偏离和偏离产生的原因，并通过集体的力量帮助责任人找到合适的方法实现目标。过程业绩检视不对责任人下结论。

7.2.4　绩效考核的频次

不同4S店绩效考核的频次因其经营情况和管理水平的不同有所不同，例如新建4S店比已经运作成熟的4S店的绩效考核周期要长。级别不同的员工的绩效考核周期也不同，例如对总经理的考核可能每年只有一次，而对销售顾问的考核则需每月一次。表7-1所示的绩效考核频次供读者参考。

表7-1　绩效考核频次

周期		年度	半年度	季度	月度
1	总经理	√			
2	销售总监 售后总监 客户关爱总监 财务总监		√		
3	展厅经理 大客户主管 二手车主管 计划与控制主管 服务经理 配件经理				√
4	销售顾问 服务顾问 索赔员				√

7.2.5　绩效考核的标准和方案

绩效考核标准是绩效考核的依据和基础。绩效考核标准的内容包括考核的项目、关键绩效指标、权重、目标和评价标准，与该岗位的职位说明书和员工个人业绩合同确定目标及KPI相一致。绩效考核标准确定了对员工业绩的评价方法和评价准则，因此必须在与员工签订个人业绩合同时由上司与员工共同确认，以保证双方理解一致。

此外，在绩效考核前，上司应为每一位下属制定考核方案并呈报隔级上司确认。

（1）销售顾问绩效考核标准示例（表7-2）

表7-2 销售顾问绩效考核标准示例

指标类型	分值	考核指标	责任		完成情况	权重分值	得分	指标说明
			目标值	实绩				
销售业绩	50	车辆销售数量达成率	9台			60分		按当月基本目标填写，达成率≤100%，得分×达成率；达成率>100%，得分×1.1；达成率>150%，得分×1.2；达成率>200%，得分×1.3
		保险销售比例达成率	50%			20分		按当月基本目标填写，达成率≤100%，得分×达成率；达成率>100%，得分×1.1；达成率>150%，得分×1.2；达成率>200%，得分×1.3
		车装饰销售金额达成率	22000元			20分		按当月基本目标填写，达成率≤100%，得分×达成率；达成率>100%，得分×1.1；达成率>150%，得分×1.2；达成率>200%，得分×1.3
客户管理	10	客户满意度	85%以上			100分		以客户关爱部报告为准，“非常满意”≤85%，为零分；85%<“非常满意”≤95%，按实际比例计算；“非常满意”≥95%，得分×1.1
内部运营管理	30	试乘试驾率	50%			30分		以销售部前台数据为准，达标为满分
		客户留档率	80%			25分		以销售部前台数据为准，80%以上达标为满分；少1%扣一分，扣完为止
		客户数据录入及时、准确，妥善保管				25分		以CRM系统同步数据为依据，抽查出现一例信息违规，该项为零分
		展厅5S完成情况				10分		以每月销售店考评体系考核为准
		公司纪律				10分		遵守公司相关的管理制度为满分
员工成长	10	培训考核合格率	100%			100分		培训合格线根据每次培训确定；员工无故缺席培训记为不合格
合计	100							

（2）销售总监的绩效考核方案示例（表7-3和图7-2）。

表7-3 ____年销售总监__季度绩效任务书

基本工资	季度绩效工资						
	考核项目	目标完成奖	KPI指标				经营安全奖
	考核内容	Q2目标210台	销售满意度	按揭率30%	投保率95%	市场占有率	
		完成90%，奖励5000元；完成100%，奖励10000元；完成110%，奖励15000元；90%以下无奖励	RW/MG品牌A挡，SKODA品牌B挡：奖励2000元；RW/MG品牌A挡，SKODA品牌A挡：奖励4000元	双品牌30%，奖励3000元；每上浮一个点，上浮5%；下浮一个点，下浮5%	双品牌95%，奖励2000元；每上浮一个点，上浮10%；下浮一个点，下浮10%	SKODA市均占有率1.68%，奖励2000元；每上浮一个点，上浮10%；下浮一个点，下浮10%	季度无责任事故和经营损失的，给予1000元奖励：造成事故的，按照损失的30%～50%给予处罚
	绩效						
考核人员	岗位						季度奖
销售总监：				总经理：			

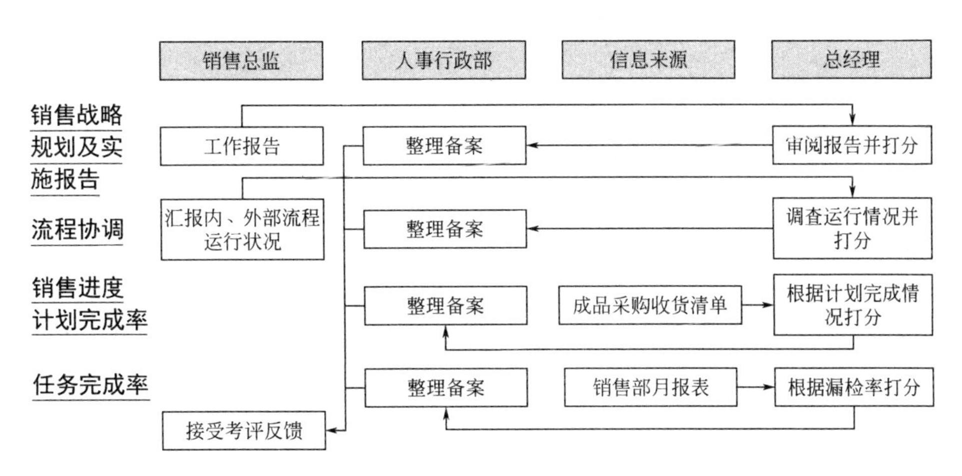

图7-2 销售总监绩效考核流程

（3）服务顾问绩效考核方案示例（表7-4）

表7-4 服务顾问绩效考核方案示例

一、收入组成

1.基本工资+岗位津贴+绩效提成×管理指标得分/100+加班费

2.绩效提成：附加业务达成奖+产值达成奖+单独销售提奖

3.以下金额均为税后

二、岗位津贴对应最低任务

序号	项目	指标	完成情况	实际绩效
1	养护品	8000元		
2	高端机油（4L/桶）	50桶		
3	储值余额	5000元		
4	续保	10单		
5	延保	1单		
6	内部QCB①	100分		
7	内部CSS②	99.5分		
8	SL③	90%		
9	PT④	95分		
10	投诉处理率	100%		
11	产值	100000元		
12	接待台次（个人）	280		
13	准时交车率（个人）	90%		

续表

三、提成标准

1. 附加业务达成奖（减最低任务）

序号	项目	提成比例	考核依据	实际绩效
1	养护品（含装潢件）	养护产值 ×10%	DMS系统	
2	高端机油（4L/桶）	15元/桶		
3	嘉实多机油（4L/桶）	5元/桶		
4	储值余额（个人）	当月新增储值余额≥1万，奖励500元 当月新增储值余额≥2万，奖励1200元 当月新增储值余额≥3万，奖励2000元		
5	延保（个人）	300元/单		
6	PM2.5滤芯	5元/个		
7	续保（个人）	50元/单		

2. 产值达成奖（减最低任务）

序号	产值	提成比例	考核依据	实际绩效
1	0～49999元	8.00%	财务报表	
2	50000～89999元	8.50%		
3	90000～119999元	9.00%		
4	120000元以上	10.00%		

3. 单独销售提奖

序号	项目	考核比例	考核依据	实际绩效
1	儿童安全座椅	200元/个	DMS系统	
2	原厂行车记录仪	200元/台		
3	导航	300元/台		
4	后座娱乐	1000元/台		

四、管理指标得分

序号	项目	指标	考核方法	权重分值	考核依据	实际得分
1	索赔管理	索赔额占产值的5%	每低1%扣5分	15分	DMS系统	
2	准时交车率	90%	每低1%扣2分，每高3%加1分	15分		

续表

序号	项目	指标	考核方法	权重分值	考核依据	实际得分
3	有责投诉（服务类）	0	每发生1起扣10分	20分	客户关爱部	
4	外返①	0	出现1起，总得分扣20分，依此类推	—		
5	内部QCB①回访成功率	99%	每低1%扣2分，每高1%加1分	10分		
6	内部非回访成功率	95%	每低1%扣2分，每高2%加1分	10分		
7	外部QCB①/CSS②回访成功率	99%	每低1%扣2分，每高1%加1分	20分		
8	SL③	≥90%	每低1%扣2分，每高1%加2分	10分		
9	托修单客户签字	采购配件前签字	出现1起，总扣5分	—	DMS系列	
合计				100分		

说明：

1.按实际得分计算绩效工资。

2.单项超过标准分120%，以120%为限；综合得分高于100分，以120分为限。

3.有任何飞单、私活、旷工等违纪事件，扣除本月所有绩效工资，警告1次并予以调岗处分，累计警告2次立即辞退。

4.5S不达标超过2次/月不整改的，扣除本月所有绩效工资及津贴（内部抽查4次/月）。

① 客户满意度快速回访。② 售后客户满意度。③ 协作满意度。④ 神秘顾客检测。

（4）事故理赔员绩效考核方案示例（表7-5）

表7-5 事故理赔员绩效考核方案示例

一、收入组成

1.基本工资+岗位津贴+绩效提成×管理指标得分/100+加班费

2.绩效提成：事故产值达成奖+事故台次达成奖+附加业务达成奖+单独销售提奖

3.以下金额均为税后

二、岗位津贴对应最低任务

序号	项目	指标	完成情况	实际绩效
1	事故产值	150000元		
2	事故进厂	60台次		
3	储值余额	3000元		

续表

序号	项目	指标	完成情况	实际绩效
4	续保（个人）	5单		
5	内部QCB[①]	100分		
6	内部CSS[②]	99.5分		
7	准时交车率	90%		
8	SL[③]	90%		
9	PT[④]	95分		
10	投诉处理率	90%		

三、提成标准

1.产值达成奖（减最低任务）

序号	事故总产值	提成比例	考核依据	实际绩效
1	0 ～ 29999元	8.00%	财务报表	
2	30000 ～ 49999元	8.50%		
3	50000 ～ 69999元	9.00%		
4	70000元及以上	10.00%		

2.台次达成奖（减最低任务）

序号	事故台次	提成比例	考核依据	实际绩效
1	进场台次≥60	增加台次 ×15元/台	DMS系统	

3.附加业务达成奖（减最低任务）

序号	项目	提成比例	考核依据	实际绩效
1	养护品（含装潢件）	养护产值 ×5%	DMS系统	
2	尊选机油（含灰壳）（4L/桶）	10元/桶		
3	嘉实多机油（4L/桶）	5元/桶		
4	储值余额	储值余额 ×10%		
5	延保（个人）	400元/单		
6	PM2.5滤芯（个人）	5元/个		
7	续保（个人）	50元/单		

续表

4.单独销售提奖				
序号	考核项	提成比例	考核依据	实际绩效
1	儿童安全座椅	150元/个	DMS系统	
2	原厂行车记录仪	150元/台		
3	导航	200/台		
4	后座娱乐	300/台		
5	续保（个人）	100/单（减最低指标5单）		
6	延保（个人）	500/单		

四、管理指标得分					
序号	项目	指标	考核方法	权重分值	实际得分
1	事故产值（个人）	180000元	完成率=开票数/指标数×100%×标准分	40分	
2	事故进厂（个人）	80台次		10分	
3	续保（个人）	10单		20分	
4	储值余额（个人）	5000元		10分	
5	准时交车率（个人）	90%	每低1%扣2分，每高3%加1分	5分	
6	有责投诉（服务类）	0	出现1起扣5分	5分	
7	内部QCB① 回访成功率（个人）	99%	每低1%扣2分，每高1%加1分	0	
8	内部非回访成功率（个人）	95%	每低1%扣2分，每高3%加1分	0	
9	外部QCB①/CSS② 回访成功率	99%	每低1%扣2分，每高1%加1分	0	
10	SL③	≥90%	每低1%扣2分，每高1%加2分	0	
11	PT④	≥98分	每低1%扣2分，每高1%加1分	0	
12	各种会议出勤率	≥90%	每低10%扣2分，每高10%加1分	5分	
13	执行力	≥99分	每低1%扣2分，每高1%加1分	5分	
合计				100分	

说明：

1.按实际得分计算绩效工资。

2.单项超过标准分120%，以120%为限；综合得分高于100分，以120分为限。

3.有任何飞单、私活、旷工等违纪事件，扣除本月所有绩效工资，警告1次并予以调岗处分，累计警告2次立即辞退

4.5S不达标超过2次/月不整改的，扣除本月所有绩效工资及津贴（内部抽查4次/月）。

① 客户满意度快速回访。② 售后客户满意度。③ 协作满意度。④ 神秘顾客检测。

（5）技术主管绩效考核方案示例（表7-6）

表7-6　技术主管绩效考核方案示例

一、收入组成

1.基本工资+岗位津贴+索赔津贴+绩效提成 × 管理指标得分/100+加班费

2.绩效提成：产值达成奖+附加业务达成奖

3.以下金额均为税后

二、岗位津贴对应最低任务

序号	项目	指标	完成情况	实际绩效
1	工时费	100000元		
2	维修增项产值	10000元		
3	索赔额	4%的总产值		
4	索赔一次通过率	100%		
5	车间5S管理	集团检查		

三、提成标准

1.产值达成奖（减最低任务）

序号	项目	提成比例	考核依据	实际绩效
1	工时费	1.00%	DMS系统	
2	维修增项产值	2.00%		
3	索赔额	1.00%		

2.附加业务达成奖

序号	项目	提成比例	考核依据	实际绩效
1	续保转介绍	50元/单	DMS系统	
2	新车转介绍	200元/辆		

四、管理指标得分

序号	项目	指标	考核方法	权重分值	考核依据	实际得分
1	维修增项产值	20000元	实际/指标=完成率	40分	增项单	
2	旧件回收值达成	7元/车	每低1元减扣1分	20分	DMS系统	
3	外返	0	出现1起，总分扣20分，依此类推	—	前台主管	

续表

序号	项目	指标	考核方法	权重分值	考核依据	实际得分
4	有责投诉（质量类）		出现1起扣10分	20分	客户关爱部维修站长	
5	客户表扬	—	客服回访表扬，加5分	—		
6	日常管理	达标	月度考核（见点检表）	0	维修站长	
7	索赔管理	5%	每低1%扣3分	20分	DMS系统	
合计				100分		

说明：
1. 按实际得分计算绩效工资。
2. 单项超过标准分120%，以120%为限；综合得分高于100分，以120分为限。
3. 5S集团考核未达标，扣除当月岗位津贴。
4. 索赔技术类拒赔扣除当月索赔津贴。

（6）机修岗绩效考核方案示例（表7-7）

表7-7　机修岗绩效考核方案示例

一、收入组成
1. 基本工资＋岗位津贴＋纯净提成 × 管理指标得分/100+加班费
2. 纯净提成：工时达成奖＋附加业务达成奖＋单独加单奖-返修扣罚
3. 以下金额均为税后。

二、岗位津贴对应最低任务（1项不完成视为未完成）

序号	项目	指标	考核依据	完成情况	实际绩效
1	机修工时费	30000元	DMS系统		
2	维修增项产值	10000元			
3	轮胎增项（事故除外）	2条			
4	电瓶增项（事故除外）	2个			
5	制动片增项	2副			
6	PM2.5滤网增项	5个			
7	索赔通过率	100%			

三、提成标准
1. 工时达成奖（减去最低指标30000元）

序号	项目（工时费）	提成比例	考核依据	实际绩效
1	5000～9999元	10%	DMS系统	
2	10000～14999元	15%		

续表

序号	项目（工时费）	提成比例	考核依据	实际绩效
3	15000～19999元	18%	DMS系统	
4	20000元及以上	20%		

2.附加业务达成奖（减最低任务）

序号	项目	提成比例	考核依据	实际绩效
1	轮胎增项（事故除外）	10元/条	DMS系统	
2	电瓶增项（事故除外）	10元/个		
3	PM2.5滤网增项	5元/个		
4	汽油添加剂增项	3元/瓶		
5	续保转介绍	30元/单		
6	制动片	10元/副		

3.单独加单奖

序号	项目	提成比例	考核依据	实际绩效
1	加单业务（含索赔）	每单增加80～149元，提成5元 每单增加150～299元，提成8元 每单增加300～499元，提成18元 每单增加500～799元，提成30元 每单增加800～1999元，提成50元 每单增加2000～3999元，提成80元 每单增加4000元及以上，提成100元	客户签字，经理或经理委托人签字（当日反馈）	

四、管理指标得分

序号	项目	目标	考核方法	分数	考核依据	实际得分
1	维修增项产值	20000元	实际/指标=完成率	40分	增项单	
2	外返	0	出现1起，扣总分20分，依此类推	—	客户关爱部	
3	内返	3起	超过1起扣5分，依此类推	30分	年间主管	
4	有责投诉	无	出现1起，扣10分	20分	客户关爱部	
合计				100分		

说明：

1.按实际得分计算绩效工资。

2.单项超过标准分120%，以120%为限；综合得分高于100分，以120分为限。

3.有任何飞单、私活、旷工等违纪事件，扣除本月所有绩效工资，警告1次并予以调岗处分，累计警告2次立即辞退。

4.5S不达标超过2次/月不整改的，扣除本月所有绩效工资及津贴（内部抽查4次/月）。

（7）钣金工岗绩效考核方案示例（表7-8）

表7-8 钣金工岗绩效考核方案示例

一、收入组成

1.基本工资+岗位津贴+绩效提成 × 管理指标得分/100+加班费

2.绩效提成：工时达成奖+套件提奖

3.以下金额均为税后

二、绩效提成对应最低任务

序号	项目	指标	完成情况	实际绩效
1	钣金工时费	50000元		

三、提成标准

工时达成奖（减最低任务）

序号	工时费	提成比例	考核依据	实际绩效
1	0 ～ 4999元	15.00%	DMS系统	
2	5000 ～ 9999元	20.00%		
3	10000 ～ 14999元	21.00%		
4	15000元及以上	22.00%		

四、管理指标得分

序号	项目	指标	考核方法	考核依据	实际得分
1	未按时完工数	0	未按照承诺时间完工，发生1起，扣10分，总分扣完为止；如因配件等客观因素，则顺延完工日期。当月均按时完工，总分加5分	售后总监确认（先下单据）	
2	外返数	0	出现1起，扣总分20分，依此类推	客户关爱部	
3	内返数	3起	超过1起，扣5分，依此类推	客户车间主管	
4	有责投诉	无	出现1起，扣10分	客户关爱部/售后总监	
5	客户表扬	—	客服回访表扬，加5分		
6	日常管理（5S等）	达标	5分/次，最低得分-10分	客户事行政部	
合计					

说明：

1.按实际得分计算绩效工资。

2.单项超过标准分120%，以120%为限：综合得分高于100分，以120分为限。

3.有任何飞单、私活、旷工等违纪事件，扣除本月所有绩效工资，警告1次并予以调岗处分，累计警告2次立即辞退。

4. 5S不达标超过2次/月不整改的，扣除本月所有绩效工资及补贴（内部抽查4次/月）

7.2.6 数据的提供、收集和评分

绩效考核是在统计数据基础上对员工的业绩做出客观的评价，数据是否真实可靠决定了考核的结果是否客观和可靠。因此，必须规定绩效考核的数据来源。一般情况，绩效考核指标的数据来源应与KPI描述的数据来源一致，以避免系统数据的不一致。通常，财务部提供财务类指标数据，销售部、售后服务部、市场部等统计和提供各自部门过程指标统计数据，客户关爱部提供客户满意度数据。

人事行政部负责收集数据，根据考核标准进行评分计算，并将结果报总经理核准，由人事行政部或财务部结算工资。数据的提供、收集和评分流程见表7-9。

表7-9 数据的提供、收集和评分流程

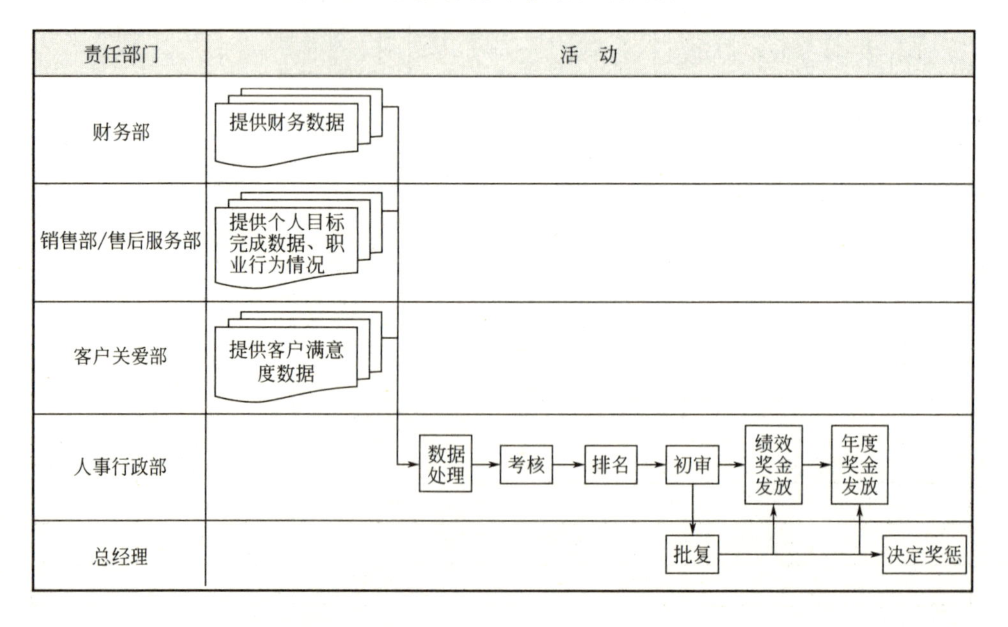

7.2.7 面谈和沟通

在对员工的绩效评分后，上司与员工进行面谈和沟通是非常重要的。绩效考核除了根据员工的业绩进行奖惩之外，其目的更是为了不断提升员

工的绩效水平，帮助员工明确努力方向和提高工作技能水平。这一目的能否实现，最后阶段的面谈和沟通起很大的作用。

面谈和沟通的作用主要体现在以下几个方面。

① 提高员工参与绩效考核的积极性。在面谈与沟通过程中，上司可以与员工共同分析员工在完成绩效目标过程中各种问题产生的原因，并找出解决这些问题的方法。员工的绩效不好可能是由于员工本身存在不足所造成，也有可能是由于上司的工作方式或者对员工的支持不足所造成。通过面谈和沟通，共同找出员工以及上司和员工之间需要改进的方面，这对上司和员工都有帮助。帮助员工提高绩效和实现绩效目标是上司的责任。

② 使员工清楚上司对自己工作绩效的看法。一个绩效考核周期结束，员工希望能够得到上司对自己工作绩效的反馈信息，以及就一些具体的问题与上司交流，以便在以后的工作中不断改进。员工还希望上司对自己一段时间努力后所确定的绩效水平进行客观评价，尤其在绩效好的情况下，员工更希望上司及时激励，以满足自我价值实现的需要。此外，增加上司与下属的面谈和沟通，使下属可以将自己的想法与上司进行交流，也能满足员工在情感方面的需求。

③ 面谈和沟通也是上司和下属间共同确定下一考核周期的绩效目标和改进方面的主要方式。在双方对员工的绩效结果和改进点达成共识之后，上司和下属必须一起确定下属在下一考核周期的绩效目标和行动计划的关键点，这项工作必须在上司与下属的绩效面谈中完成。

7.2.8 绩效考核结果处理

当每一位员工都有绩效评估分数后，人事行政部按照员工绩效得分的高低对员工进行排序和归类。一般而言，按照绩效的好坏可以将员工分为4个档次，即优秀、良好、一般和差，对应为4、3、2、1，使用硬性百分比排列，使每个分类都达到一定的百分比。例如，优秀占10% ～ 15%，良好占30% ～ 40%，一般占30% ～ 40%，差占10% ～ 15%。

人事行政部要将排序的结果（表7-10）公示出来，接受员工的评价和监督，使评估的结果成为年终奖确定的一个公平的基础。员工如对考核结果有异议，可以向上司申诉；如对上司的处理结果还有异议，可以直接向人事行政部申诉。人事行政部的答复结果为最终结果。

表7-10　员工业绩考核报告

排名	员工姓名	考核结果	等级	需改进方面
1				
2				
3				
4				
5				
6				
7				
8				
9				
10				
11				
12				
13				
14				
……				

编制：　　审核：　　批准：　　日期：

7.2.9　奖金兑现

业绩合同规定的业绩奖励只有及时兑现，才能保持员工继续努力工作的热情。所承诺的奖励一般是绩效考核结束后在当月的工资中兑现，时间周期与绩效考核周期一致。各类人员的奖励兑现周期如下。

① 月度兑现：如销售顾问、服务顾问、修理人员等一般工作人员即月薪人员。

② 季度兑现：如展厅经理、服务经理、配件经理、市场经理、人事行政经理等人员。

③ 半年兑现：如销售总监、客户关爱总监、财务总监、售后总监。

④ 年度兑现：如总经理。

7.3 员工能力评估

在这里员工能力评估特指对下级职位任职人员满足某上级职位任职要求能力，特别是管理能力程度的评估。例如，销售顾问的上级职位为资深销售顾问、销售经理、服务经理等。员工能力评估的目的是通过考察员工的管理能力，对员工是否胜任上级职位做出能力方面的判断，为员工的晋升和职业生涯规划提供依据。对员工的管理能力评估必须在日常的运营活动中进行。员工的管理能力评估包括两个方面：自主管理能力评估和团队管理能力评估。

7.3.1 管理能力模型

能力冰山模型如图 7-3 所示。一个人的行为能力由两个方面的行为原因所决定：一方面为显性原因，即技能和知识；另一方面为隐性原因，即价值观、自我定位、驱动力和人格特质。显性原因较容易通过后天的学习获得；而隐性原因有与生俱来的特性，虽然通过后天的学习和修养能够改变，但较难通过后天学习获得。

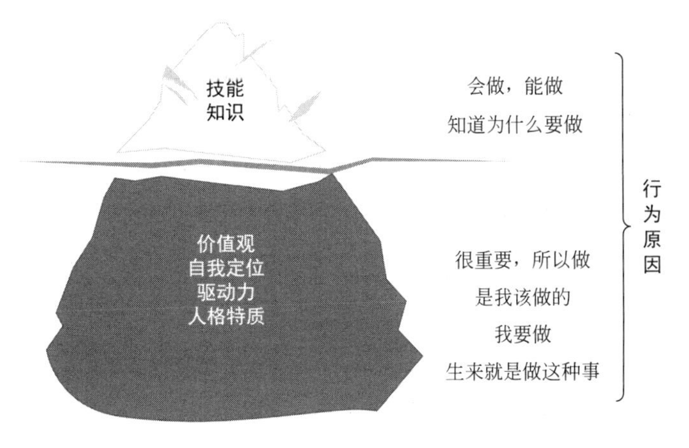

图 7-3 能力冰山模型

该模型揭示，一个人的管理能力也能够区别为显性能力和隐性能力两个方面。显性管理能力包括管理知识和管理技能，隐性管理能力包括管理意识、人格魅力、工作态度、沟通协调能力、处理应急问题的反应能力等，如图7-4所示。

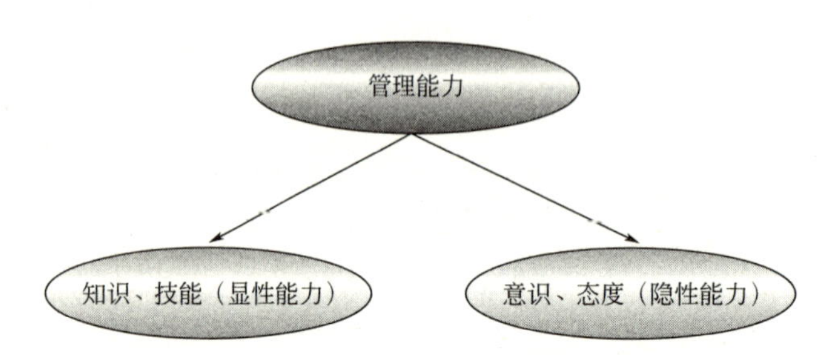

图7-4　管理能力模型

其中在知识、技能方面，各管理职位都规定了应具备的知识和技能，由于这些知识和技能可以通过培训和工作经历获得，因而也较容易考察和评估。而对于如服务意识、亲和力、协调能力、应急反应能力等隐性能力则需要通过员工的日常表现来评价。因而，对员工管理能力的评估是一项长期的工作。公司相关各级领导对下属进行定性的能力评估，一般每年形成一次评估报告，并提交高层领导会议进行讨论。

7.3.2　管理能力的评估步骤

① 根据任职资格列举的知识、技能和素质要求，考虑公司未来的发展，列举各管理岗位所需的管理能力指标，例如工作方法、沟通协调能力、执行力、需具备的知识和技能等。

② 制定评级标准，一般用优秀、良好、一般、较差表示。

③ 评级标准量化，把以上标准转化成定量标准，对应为4、3、2、1。

④ 由领导对员工的能力状况与各管理岗位的能力要求进行匹配和综合评判，得出单项分。

⑤ 进行加权平均，计算出综合评价。

⑥ 进行能力排名。此项需保密，由公司高层领导存档。

⑦ 各部门领导对下属进行定性评估应由部门领导和人事专员采用绩

效谈话的形式进行，重点评估员工的业务流程执行能力、工作方法、具备的知识和是否有适合公司未来发展需要的潜质。

⑧ 对各部门负责人的能力评估可以通过向绩效考核委员会公开述职的形式来进行，着重考察他们实现目标的能力、对产生差距原因的分析能力、解决问题的能力及对团队的领导和激励能力。绩效考核委员会成员采用无记名投票方式决定各级领导管理能力的等级。

7.3.3 员工管理能力评估报告模板

（1）员工管理能力评估（表7-11）

表7-11 员工管理能力评估报告

排名	姓名	评估项目（权重）					合计	等级
		工作方法（30%）	计划执行力（20%）	团队协作能力（20%）	沟通能力（20%）	知识、技能（10%）		
1								
2								
3								
4								
5								
6								
7								
8								
9								
10								
11								
12								
13								
14								
15								
……								

评估日期：

（2）管理人员管理能力评估（表7-12）

表7-12　管理人员管理能力评估表

姓名：　　职位：　　合计得分：　　评定等级：　　评估日期：

评估项目		5	4	3	2	1	得分
品德言行及工作责任感		品性廉洁，言行诚信，对公司忠诚和爱护					
知识水平		完全掌握工作所需的知识和技能，并对相关方面也能够积极主动地进行深入了解		掌握工作所需的知识，但不够深入，偶尔对工作有影响		未能掌握工作所需的知识，对工作有较大影响	
工作能力	管理能力	能够清晰地为部下指明组织未来的发展方向，有效地激励部下为目标努力工作，具有强烈的个人魅力		能为部下指明发展方向，让部下为目标工作		几乎不能为部下指明发展方向，对部下激励不够	
	团队合作能力	善于领导，激发员工士气，有效授权完成目标					
	计划组织能力	有效分配所掌握的人、财、物和其他资源，基本完成工作目标		能够分配好掌握的人、财、物和其他资源，基本完成工作目标		对所掌握的人、财、物和其他资源不能有效分配，完成工作目标比较困难	
	变革管理能力	主动预见环境和形势变化并能采取有效措施积极应对，顺利完成工作目标		对环境和形势变化有所了解并采取一定措施，基本完成工作目标		面对环境和形势的变化不能积极采取措施应对，使工作目标不能完成	
	决策行动能力	设计行动方案并进行有效选取，行动果断迅速		能够设计行动方案并进行取舍，有时需要借助外力，能够采取行动		不能独自设计行动方案并进行取舍，行动迟缓	
	学习运用能力	根据工作需要积极主动地接受新的知识并有效运用于工作中		能够接受新的知识并运用于工作中		不能够接受新的知识并运用于工作中	
员工培育及开发		激发、鼓励员工做出最佳表现并有效开发其潜能		能够鼓励员工做出最佳表现并开发其潜能		不能鼓励员工做出最佳表现并开发其潜能	

7.4 薪资体系

7.4.1 构建合理薪资体系的三大原则

① 公平性原则。以体现工资的外部公平、内部公平和个人公平为导向，在确定员工薪酬时以岗位特点、个人能力、工作业绩及本地区社会平均工资水平、同行业平均工资水平为依据。

② 竞争性原则。以提高市场竞争力和对人才的吸引力为导向，在充分调查竞争对手、本地区不同层次企业工资水平的基础上确定薪酬水平，使薪酬水平对外具有竞争力，以吸引人才和留住人才。

③ 激励性原则。以增强工资的激励性为导向，通过工资晋级或激励性工资结构激发员工工作热情和积极性，进而培育员工对公司的忠诚度，培养员工的归属感。

7.4.2 员工薪资的三个组成部分

在一般情况下，员工的薪资由职位工资、绩效工资和特殊津贴或特殊贡献奖三个部分组成。

（1）职位工资

或称底薪，为职位支付的报酬。考虑因素如下。

① 岗位责任和工作内容。

② 对内公平性、对外竞争性。

③ 岗位能力要求与人力总成本。

（2）绩效工资

为绩效表现支付的报酬。考虑因素如下。

① 主要业务指标。

② 岗位绩效、部门绩效、公司绩效。

（3）特殊津贴

为员工特殊表现支付的报酬。考虑因素如下。

① 个人独特技能。

② 经验、市场人才供给情况。

③ 员工有特殊贡献。

考虑各职位对经营目标的责任不同和激励的需要，4S店必须根据职位不同和激励要求的不同设置三部分的占比。例如，销售顾问、服务顾问等职位的绩效工资比例比人事行政人员的绩效工资比例要高。

7.4.3 两种基本的薪资模式

（1）绩效薪资

① 绩效薪资与销量、产值、毛利率等主要业务指标完全挂钩。

② 绩效薪资的发放一定要体现差距，要起到优奖劣罚的作用。

③ 根据不同岗位决定绩效薪资发放时间，通常一线按月发放，高层管理人员按季度、年度发放。

（2）固定薪资

① 根据不同业务性质确定员工的基本薪资，保证员工基本生活。

② 固定薪资数额要体现员工任职资格差异和职位的差异。

③ 固定薪资按月发放。

7.4.4 典型岗位的薪资结构模板

（1）销售岗位的薪资结构

销售岗位主要包括展厅经理、销售顾问、大客户主管、二手车主管等，其薪资结构为

$$工资=基本工资+销售提成\times\alpha+绩效奖金+福利+年度奖金$$

① 销售顾问的基本工资按季度调整，依据上季度月平均销售台次划分级别。展厅经理的基本工资按职位和任职年限对照公司的职级工资表确定。

② 销售提成是根据整车销售、装潢、保险、金融等销量和毛利率设置提成级别。销量和毛利率越高，提成就越高；销量和毛利率低于设置低限，没有提成。展厅经理的销售提成与展厅的总销量挂钩，或以销售顾问的平均销售绩效乘以系数如1.2计算。

③ α 为销售提成兑现系数，如 α=60%，表示销售提成的60%当月兑现，40%作为绩效奖金，与当月绩效及客户满意度评估结果挂钩。职位不同，α 不同。

④ 绩效奖金=销售提成×（1−α）×β，β 为当月的绩效考核百分比得分。

⑤ 年度奖金=目标实现的奖金总额×公司经营目标实现百分比×奖励分配系数。目标实现的奖金总额在绩效合同中或以其他方式在绩效合同签订前规定和承诺，一年内不得变动。

有些4S店直接将业绩状况与绩效工资金额挂钩，使员工可以根据自己的表现直接计算自己的薪资报酬。

（2）售后人员的薪资结构

售后人员主要包括服务经理、服务顾问、修理人员等，其典型的薪资结构为

工资=基本工资+工时（接车数量）提成×α+绩效奖金+福利+年度奖金

① 服务顾问的基本工资按其前一年度接待的客户对应的产值定级。服务经理的基本工资按职位和任职年限对照公司的职级工资表确定。

② 服务顾问的工时提成根据修理工时及配件销售、附件销售等销量设置提成级别。销量低于设置低限，没有提成。服务经理的工时提成以服务顾问的平均提成乘以系数如1.2计算。

③ α 为工时提成兑现系数，如 α=60%，表示工时提成的60%当月兑现，40%作为绩效奖金，与当月绩效和客户满意度评估结果挂钩。职位不同，α 不同。

④ 绩效奖金=工时提成×（1−α）×β，β 为当月的绩效考核百分比得分。

⑤ 年度奖金=目标实现的奖金总额×公司经营目标实现百分比×奖励分配系数。目标实现的奖金总额在绩效合同中或以其他方式在绩效合同签订前规定和承诺，一年内不得变动。

（3）年薪制人员的工资结构

年薪制是指以4S店一个经营年度为单位核定核心人员的报酬，有明确的薪资额度，以绩效为主要付酬因素并以合同方式确定年薪的薪酬制度。年薪制人员一般包括总经理、销售总监、售后总监、客户关爱总监、财务总监等，其典型的工资结构为

年收入=年度月薪+年薪效益奖金+特别津贴

① 总经理的绩效工资占年薪的60%，总监职位人员的绩效工资占年薪的40%。

② 月实际绩效工资=月理论绩效工资 × 绩效考评分，余额封顶。

③ 绩效工资余额分配=月绩效工资累计余额 × 年度目标达成率。

④ 以绩效合同方式确定年薪。

7.5 薪资制度案例

下面提供某4S店的薪资制度案例，供参考。

××汽车销售有限公司员工薪资制度

第一部分　销售序列

薪酬构成：基本工资+整车销售提成 × 绩效考核得分+其他提成。

（1）销售顾问

① 基本工资1500元。

② 销售提成理论数据，按照表1计算。

表1　销售提成计算

销量	1台	2台	3台	4台	5台	6台	7台及以上
提成	120元	150元	180元	200元	250元	300元	350元

③ 销售顾问实际发放的销售提成根据公司月计划完成比例发放，

具体数目见表2。

表2 销售提成发放率

任务完成率X	$X < 60\%$	$60\% \leqslant X < 80\%$	$80\% \leqslant X < 100\%$	$100\% \leqslant X < 120\%$	$X \geqslant 120\%$
销售提成发放率	70%	80%	90%	100%	120%

④ 销售顾问在每月的客户接待过程中，客户的资料留档率要达到40%，奖金按原规定发放。未完成的销售顾问则在每月的奖金中扣除100元。成交率要达到25%，对于没有达到的销售顾问，销售提成按90%发放。

⑤ 转介绍客户，中介人获得200元介绍费，销售顾问该车提取50元劳务费，计入车辆累加。如中介人想要获得高额回报，该车售价必须高于公司当期限价，差价部分作为中介人的回报，并且中介人要按20%缴纳差价的税款。

⑥ 如出现客户向公司投诉的情况，经查实，则取消该车辆的销售绩效。如发生客户向厂家投诉的，经查实，除取消该车销售绩效外，另行给予责任人500元处罚，从当月工资中扣除。厂家SSI和MS达到95%及以上，相关人员奖励1000元，90%以下处罚500元。

⑦ 实习生指没有取得毕业证书的在校学生，在实习期间发给生活费500元，实习期满3个月后进入试用期。实习期间销售车辆无销售提成。

⑧ 销售顾问试用期1个月，前3个月工资为1500元，试用期无绩效，并经销售经理考核，不合格者，自动离职。

⑨ 其他提成包括保险销售提成、精品销售提成、临牌提成。精品销售提成：销售部必须结合公司以及厂家要求，在每月初5个工作日内将销售顾问的精品销售目标进行分解并向总经理报备，否则销售顾问按最低标准发放精品销售提成。提成实际数据按照表3计算。

表3 提成计算式

精品销售完成率X	$X < 80\%$	$80\% \leqslant X < 100\%$	$X \geqslant 100\%$
绩效提奖	精品收入 × 5%	精品收入 × 6%	精品收入 × 7%

其他衍生增值服务的提成标准另行规定。

（2）展厅经理（基本工资+奖金）

① 展厅经理月基本工资2500元。

② 展厅经理绩效工资按照销售顾问平均绩效工资的1.6倍计算。

③ 销售顾问的平均提成计算方法为总奖金数/销售顾问人数，其中销售顾问人数只包括正式员工，不包括试用期员工和实习期员工。

（3）销售总监（基本工资+奖金）

① 销售总监月基本工资4500元。

② 销售任务完成奖以季度考核发放：完成90%，奖励5000元；完成100%，奖励10000元；完成110%，奖励15000元；完成90%以下无奖励。

③ 考核满意度奖每季度考核发放：SSI和MS均A，奖励4000元；一个A、一个B，奖励2000元；两个均B，无奖；其他，罚款1000元。

④ 保险率、上牌率、装潢率、按揭率，按季度考核发放奖金：保险率、上牌率、装潢率为目标95%，按揭率为35%，奖金各为2000元，每上浮1%，奖金上浮5%，每下浮1%，奖金也下浮5%。

⑤ 完成市场占有率目标2.00，奖金2000元，按季度考核发放奖金。每上浮0.01，奖金上浮10%，每下浮0.01，奖金下浮10%。

（4）其他销售序列人员的工资与奖金

① 大客户主管兼二级网点主管：基本工资1500元，大客户兼二级网点主管不得参与本店店面销售，网络销售提成方式等同于销售顾问。大客户以及二级网点销售提成为300元/辆。

② 二手车部经理兼租赁部经理基本工资为2000元，享受部门副经理待遇，奖金为：当月二手车置换纯利润×0.2+租赁纯利润×0.1。

③ 信息主管基本工资为1500元，奖金按销售顾问平均奖金×0.8。

④ 销售支持员兼保险专员基本工资为1200元，奖金为：（当月上牌量+当月消贷台次）×10元/辆+新车保险及续保每台车按公司利润10%的提成。

⑤ 整车库存管理员兼PDI专员基本工资为1200元，奖金为：商品车当月入库数量×4元/辆+销售部当月整车销售数量×3元/辆。

⑥ 客服回访员基本工资为1200元，奖金为：（当月整车销售数量+修理台数）×1元/辆。

⑦ 前台接待员基本工资为1200元，奖金为：销售部当月整车销售数量×4元/辆。

第二部分 市场序列

市场部每月初5个工作日内与销售部共同制定出本月的来店客流量批次任务并向总经理报备，否则市场部全体员工按80%发放奖金，具体见表4。

表4 市场部奖金发放率

来店客流量达成率X	$X < 60\%$	$60\% \leqslant X < 80\%$	$80\% \leqslant X < 100\%$	$X \geqslant 100\%$
奖金发放率	70%	80%	90%	100%

① 市场经理基本工资为2500元，奖金为：销售顾问平均奖金×1.2+当月厂家活动支持奖励提成+市场绩效评估奖励×3%+广宣盈余提成。

② 市场主管基本工资为1500元，奖金为：销售顾问平均奖金×0.7+当月厂家活动支持奖励提成+市场绩效评估奖励×2%+广宣盈余提成。

③ 如当月有厂家活动支持奖金，在支持金额中提取4%作为市场部的奖励，具体分配方案由市场经理负责分发。

④ 如当月厂家广宣支持高于实际发生费用，在差额中提取4%作为市场部的奖励，由市场部全体人员均分。

第三部分 售后服务序列

1.收入构成：收入=基本工资+奖金。

① 目标达成率是指产值达成率、接车台次达成率、营收达成率、应收账款回收达成率，客户满意度（CSI和MS）等，即当月目标的任务细分，每项将设定考核系数。

② 车间个人提成按既定系数分配，车间主任有权根据员工实际表现进行临时调整，经售后总监批准后计发。

2.人员基本工资

服务经理2500元；前台主管2000元；服务顾问1800元；技术总监（兼培训、质检）2500元；索赔员（兼理赔员）1500元；配件主管

2500元；车间主任2500元；配件管理员（兼专用工具管理）1500元；机修技工初级1000元，中级1500元，高级2000元，由服务经理确定级别后，报公司人事行政部备案；钣喷技工初级1500元，中级2000元，高级2500元，由服务经理确定级别后，报公司人事行政部备案。

3.服务顾问提成

（1）正常维修产值提成

产值=当月正常维修结算单实际收款金额+当月索赔实际回款+事故车维修金额（含车主自付）

提成计算方法：产值×0.5%×产值达成率×接车台次达成率×绩效考核百分比得分。

（2）精品（及养护类产品）提成

精品提成按精品营业额的10%计提，其中前台业务人员按6%，车间安装为4%。精品营业额按实收金额计算，精品销售不能低于8折，按8折销售的精品不计提成。

个人提成计算方法：

个人提成=（产值提成+精品提成）×个人系数/业务组总系数

（3）服务顾问提成

① 客户投诉。如因工作失误或服务态度造成客户投诉属实的（以客服部提供的客户投诉单和前台主管统计数据为准），按表5计算扣罚款。

表5　投诉提成总额扣罚比例

投诉数量	1次	2次	3次
提成总额扣罚比例	5%	20%	50%

② CSI和MS结果。考核成绩高于（含）95分不予扣罚、考核成绩低于95分将按提成总额的10%予以扣罚。

③ 结算金额。以当月结算日期为准，当月未结算计入次月产值；事故车产值以当月出厂车辆定审金额计算，未定审金额车辆计入次月产值。

④ 产值目标与接车台次。目标于前一个月确定，由服务顾问签字认可。

⑤ 客户服务部按系数提成，具体系数见表6。

表6 客户服务部提成系数

岗位	服务顾问	助理
提成系数	0.4	0.1

4.精品销售岗位及车间精品加装组

（1）原则

精品销售按个人销售成绩进行提成，并与销售目标达成率挂钩。

（2）提成方法

精品销售提成=精品销售总额（实收款）×10%×销售目标达成率

（3）分配方法

① 不涉及车间安装的精品：精品销售人员按精品销售提成计提。

② 涉及车间安装的精品：售后精品销售提成以精品销售人员按60%和车间精品加装组按40%进行分配。

（4）车间精品加装组提成方法

① 按业务接待岗位和精品销售岗位方案中计提。

② 销售部或其他部门所销售和赠送的精品按精品的销售价的2%计提给售后服务部后，将按以下方式分配：精品业务员0.7%；车间加装组0.7%；配件部0.6%。

5.维修机电组

（1）绩效提成奖金计算方法

① 班组提成=（班组维修标准工时费总额–领用辅料成本）÷1.17×18%（以班组为单位计算）。

维修标准工时费=维修项目索赔标准工时数×120元/工时。

② 个人提成=本组提成×个人系数÷本组系数总和。

③ 辅料成本指维修过程所消耗的辅料及劳保用品的金额。

（2）计算方法说明

班组维修工时总额包含以下内容：以当月车辆维修工单中实际维修项目的工时数额为准（含正常维修、索赔、不含精品加装项目）；精品加装项目制定相应工时，工时数按索赔系统中完成该项目的工时定额标准而定，工时单价为120元/工时。

在计算车间提成金额时，车间完成的工时费与下列情况无关：优惠打折；未收款或免费；未到账。

对于维修免费服务活动、新车PDI等项目（下简称免费项目），在制定员工固定收入时已考虑免费项目的劳动报酬，所以免费项目的工时不计入计算提成的实际完成工时里，各班组应服从车间调度的安排。如出现工作检查过失，将扣除责任人工时，并视情节给予经济或行政处罚。

6.维修钣喷组

（1）绩效提成奖金计算方法

① 班组提成=（班组维修标准工时费总额–领用辅料成本）÷1.17×20%（以班组为单位计算）。

维修标准工时费=维修项目索赔标准工时数×100元/工时。

② 个人提成=本组提成×个人系数÷本组系数总和。

③ 辅料成本：指维修过程所消耗的辅料及劳保用品的金额。

（2）计算方法说明

班组维修工时总额包含以下内容：以当月车辆维修工单中实际维修项目的工时数额为准（含正常维修、索赔、精品加装项目）；工时数按原厂系统中完成该项目的工时定额标准而定，工时单价为100元/工时。

在计算车间提成金额时，车间完成的工时费与下列情况无关：优惠打折；未收款；未到账。

对于维修免费服务活动项目（下简称免费项目），在制定员工固定收入时已考虑免费项目的劳动报酬，所以免费项目的工时不计入计算提成的实际完成工时里，各班组应服从车间调度的安排。如出现工作检查过失，将扣除责任人工时，并视情节给予经济或行政处罚。

7.汽车美容组

（1）绩效提成奖金计算方法

① 班组提成=洗车台次/月×1元+汽车美容绩效/月×12%。

② 个人提成=本组提成×个人系数（表7）÷本组系数总和。

表7 汽车美容组个人系数

岗位	系数
汽车美容大工（班组长）	0.2
汽车美容中工	0.15
洗车工	0.1

（2）注意事项

① 因洗车造成的车主投诉，每次扣罚20元。

② 每次车辆清洗完毕后，必须将车内及行李厢内杂物（如衣物、报纸杂志、其他物品等）整理摆放整齐，否则每次扣罚20元。

③ 每辆车外表清洗时间必须控制在10～15分钟，否则每次扣罚10元。

8.保险业务人员

（1）保险理赔人员绩效提成奖金计算方法

① 实际产值=当月回款结算单实际收入。

② 业务组提成=实际产值×0.85%×目标达成率。

③ 个人提成=本组提成×个人系数（表8）/本组系数总和。

表8 保险业务人员个人系数

岗位	系数
保险业务经理	0.4
理赔员	0.35
理赔接待及文员	0.2

（2）保险业务人员绩效提成奖金计算方法

① 完成任务目标＜5万元/人，按保险公司实际审批额1%计提。

② 5万元≤完成任务目标＜10万元/人，按保险公司实际审批额2%计提。

③ 10万元≤完成任务目标＜20万元/人，按保险公司实际审批额2.5%计提。

④ 完成任务目标≥20万元/人，按保险公司实际审批额3%计提。

（3）保险续保提成

计算方法：按保险公司返点毛利的40%计提。

9.维修车间管理人员提成

（1）适用对象

车间主任、钣喷主管、质检员、技术主管。

（2）工资收入构成

工资=基本工资+绩效提成奖金。

（3）绩效提成奖金计算方法

① 与车间绩效（实际总产值）挂钩，由售后总监进行考核。

② 车间产值总额=机电组产值+钣喷组产值+美容组产值。

③ 车间提成总额=车间产值总额 ×0.4%× 目标达成率。

④ 车间管理人员个人提成=车间提成总额 × 个人系数（表9）/系数总和

表9 维修车间个人系数

职位/岗位	系数
车间主任	0.25
钣喷主管	0.25
质检员	0.2
技术主管	0.25

10.售后管理人员提成

绩效提成奖金计算方法如下。

① 售后管理人员提成总额=售后产值总额 ×0.5%× 目标达成率。

② 售后管理人员个人提成=售后管理人员提成总额 × 个人系数（表10）/系数总和

表10 售后管理人员个人系数

职位/岗位	系数
售后总监	0.25
服务经理	0.2
配件经理	0.2
前台主管	0.2

11. 售后支持人员提成

绩效提成奖金计算方法如下。

① 售后支持人员提成总额=售后产值总额 ×0.4%。

② 售后支持人员个人提成=售后支持人员提成总额 × 个人系数（表11）/系数总和。

表11 售后支持人员个人系数

职位/岗位	系数
配件计划员	0.2
仓库管理员	0.15
结算员	0.15
客户接待员	0.1

12. 机电组、钣喷组个人系数计算表

从略。

第四部分 管理序列

1. 总经理

实行年薪制，具体考核办法另行规定。

2. 财务序列

① 财务经理基本工资2500元，奖金系数按照销售与服务平均奖励的1.2倍。

② 人事行政经理基本工资2500元，奖金系数按照销售与服务平均奖励的0.9倍。

③ 会计主管基本工资2000元，奖金系数按照销售与服务平均奖励的0.9倍。

④ 出纳及一般会计基本工资1800元，奖金系数按照销售与服务平均奖励的0.6倍。

7.6 个人发展机会

7.6.1 人力资源矩阵

根据绩效考核的结果和能力评估结果，4S店可以建立人员绩效-能力矩阵，称为人力资源矩阵，如图7-5所示。在这个矩阵中，横坐标表示能力，纵坐标表示绩效。

绩效＼能力	1	2	3	4
4	**业务扎实** ——不动 ——提供有针对性的业务支持	**业务带头人** ——准备下一步 ——提供能力提升培训机会	**业务带头人** ——晋升一级	**超级明星** ——重用，快速晋升 ——给予足够的激励
3	**业绩不佳** ——提供有针对性的培训和业务支持	**业务扎实** ——不动 ——提供能力培训机会，考虑晋升	**业务扎实** ——不动 ——准备晋升	**业务带头人** ——晋升一级
2	**失败者** ——警告 ——劝退	**业绩不佳** ——警告 ——提供有针对性的培训和业务支持	**业务扎实** ——不动 ——考虑晋升	**业务带头人** ——准备下一步 ——提供有针对性的意识辅导
1	**失败者** ——劝退	**失败者** ——劝退	**业绩不佳** ——警告 ——提供有针对性的培训和业务支持	**业绩不佳** ——警告，再给一次机会 ——转换岗位

图7-5 人力资源矩阵

将能力评估结果和绩效评估结果按照人力资源矩阵对全体员工进行分类并对号入座，对各类人员的激励措施提出建议。人力资源矩阵既可以让员工清楚个人的职业发展途径，帮助员工做好个人的职业生涯规划，也为4S店公正公平地开展员工的晋升、降职、培训、辞退工作提供依据。

7.6.2 员工发展机会与员工使用

4S店在每年的年度绩效考核和员工能力评估完成后，根据评估的结果建立人力资源矩阵，并在适当的时机对人员进行调整，实现“能者上，庸者下，劣者汰”的用人机制和内部公平竞争机制，为能力和业绩兼优的员工提供更多的个人发展机会。对绩效很好、能力很高的超级明星员工要迅速提升，提供更大的发挥舞台，保证足够的奖励和保护，防止其不满和流失；对于那些能力一般、绩效一般的员工，他们占员工的大部分，是4S店的中坚力量，要给他们更有吸引力的薪资政策和培训机会，帮助他们整体成长；对于那些能力很差、绩效很差的员工应及时予以劝退。对于那些绩效很好、能力一般的员工，做法是保持原位，但要提醒他更多地去提高能力，不然就很有可能在转型中出问题；对于那些能力很高但绩效很差的员工，要警告他，给他机会，提醒他们如果再不努力提高绩效，就有可能被淘汰。

为保证各类情况的员工数量分布的科学性，在使用人力资源矩阵时需要进行硬性百分比排列，使每个分类人员的数量达到一定的百分比。在一般情况下，推荐各类人员的比例为：超级明星占10%～15%；业务带头人占25%～30%；业务扎实者占25%～40%；绩效不佳者占15%～25%；失败者占5%～10%。

大多4S店将员工的成长分为两个类别，一个是技术能力发展，一个是管理能力发展，为此设置了技术级别。例如将维修人员划分为学徒工、初级技师、中级技师、高级技师、专家技师，将服务顾问和销售顾问划分出L1、L2、L3等几个等级，针对不同的级别，4S店提供了不同的培训计划和培训机会，使相关人员的技能级别逐步提高。有的4S店为鼓励员工不断提高技能，建立了核心技术团队，作为员工技能提升的台阶。

8

经营复盘

4S

经营复盘是4S店5R运营创新管理模式的第五部分。一家4S店经过一年的经营运作，特别是通过年底的销量冲刺，不管最终年度的经营目标是否达成，都会取得一定的经营成果。此时，4S店经销商会进行年度的总结，总结经营成果，总结经验教训，并编制下一年度的经营计划。根据笔者了解，大多4S店经销商，特别是那些集团性经营的经销商，每年都在第四季度开始时就已经开始下一年度的预算编制了。基于绩效考核、绩效工资和奖金计算的原因，大多4S店对目标、任务的完成结果非常重视，但对于这样的运营结果是如何获得的、为什么成功及为什么失败却少有问津。

8.1 经营复盘的概念

“复盘”一词来源于围棋。在围棋实战中，在对局完成之后，复演该局棋的每一步，以检查对局过程中每一步走法的优劣与得失关键，以便在后续对局中提升实力，这种复演棋局并思考的过程就是复盘。复盘的概念后来又运用于股市，指股市收盘后对来不及观察和总结的情况进行再一次解读，以明确股票市场的变动情况。

这两种情况复盘的含义虽然有所不同，但都蕴含着对过去所做的事情重新“过”一遍的意思，以便观察和思考过去进行的判断、决策、行动过程和结果，期望获得事物发展的客观规律。复盘的概念很早就被联想集团应用到其经营管理的过程中，并对联想集团的良好发展产生了深刻的影响。

联想集团将复盘定义为：一件事情做完之后，无论成功了或者失败了，都要重新再演练一遍，分析当时的目标是什么、环境怎么变化、怎么做的战略、怎么执行的、最后结果如何等，每次都认真分析，慢慢地就会总结出一些带有规律性的东西。其基本模型如图8-1所示。

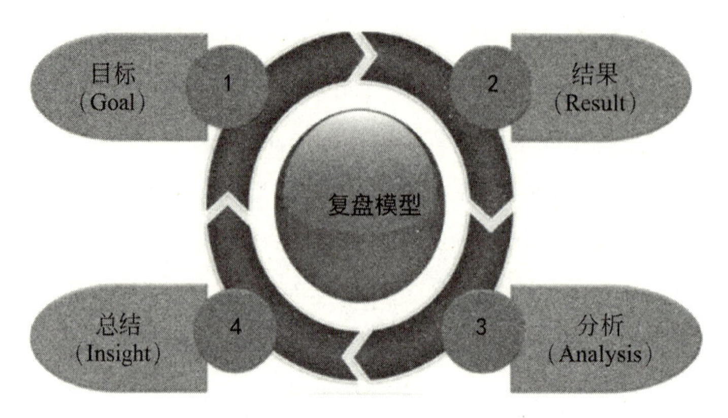

图8-1 经营复盘的基本模型

8.2 4S店引入复盘概念的益处

目前4S店大多已经导入目标管理，有些品牌的4S店还建立了平衡计分卡（BSC），对各项目标进行系统化的分解，及时对所设定目标的实现情况进行检视，这些无疑都是促进目标实现的有效方法。但大多数4S店都是在来不及检讨过去一年经营得失的情况下，又匆匆进入对下一年度的目标设定和预算当中了。很多4S店的管理人员告诉笔者，费用要先预算好，要不没有钱用。预算经常是借鉴本年度的费用统计结果进行调整，至于目标，经常是参考本年度的目标达成情况进行设定。于是出现的情况是没有人去思考这些费用是基于什么战略和措施所需要的，本年度的战略和措施是否是最优的，有没有更好的方案。基于惯性，有的不恰当计划、措施甚至是错误也就年复一年没有得到有效的改进。

本书将复盘的概念引入，就是期望为4S店的经营管理提供一个新的视角，为4S店经营增加活力和生命力。复盘的有效运用，可以给4S店带来一种新的工作方式，也能够为4S店带来一种新的学习方式。

8.3 复盘与过程业绩检视的区别

过程业绩检视是在运营过程的适当时机对目标的实现情况进行检查，以便及时发现差距，并采取必要的措施，最终促成目标的实现。因此过程业绩检视过程以及所采取的措施是运营过程的权变，是修正。笔者经常听到4S店工作人员的解释，由于目标能够达成甚至超额完成，所以不需要检讨和制定改进措施。换句话说，改进措施是在目标不能完成的情况下才需要采取的。

与这种思路不同的是，复盘是在项目或者目标周期经过之后，不管目标有没有实现，都要对项目进行检讨，而且是要使整个过程都重现一遍。通过过程的重现，并与实际发生的情况进行比对，可以清晰地看到目标的设定是否合理到位，哪些计划和措施是得当的，哪些计划和措施是不恰当的，哪些资源被浪费掉了，情况的发生与预计有多少的偏差，应对这些偏差甚至是偶发的事件哪些措施是有效的，还有没有更好的方案等。虽然有事后诸葛亮、“马后炮”之嫌，却往往能让人看清楚更多的事物发展规律。显然，通过这个过程所获得的知识，能够让4S店在下一周期的运作中规避更多的问题，甚至找到新的方向和方法，而通过对复盘所获得的知识的沉淀，将使4S店的经营管理水平得到不断的提升。

8.4 复盘的流程和步骤

复盘的基本流程如图8-2所示。

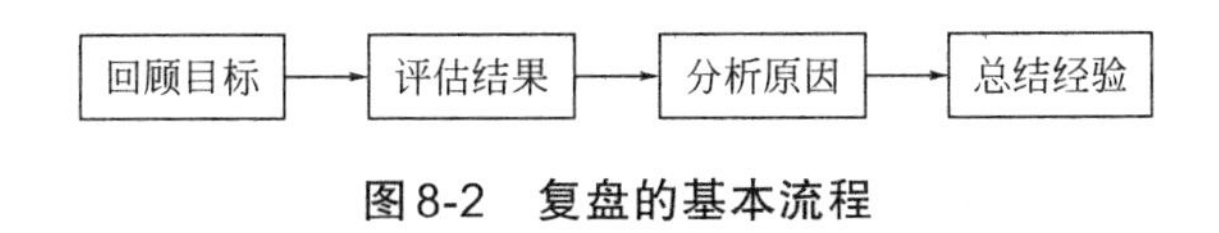

图8-2　复盘的基本流程

8.4.1 回顾目标

回顾目标是复盘的开始，必须回答以下问题。

① 最初行动的意图是什么？

② 想要达到的目标是什么？

③ 预先制定的计划是什么？

④ 事先设想要发生的事情是什么？

这些问题从表面上看似乎很简单，其实不然，这四个问题覆盖了原经营计划制定的整个过程。在实际操作过程中，可能会遇到许多的障碍，致使复盘无法进行。可能的障碍有：没有目标；目标不清；目标缺乏共识；对实现目标的策略、方法、措施的规划缺乏或不充分；没有预估要发生的事情及其结果。

对于没有目标的情况，事先制定清晰明确的目标与计划，对于复盘是至关重要的。如果在复盘之前了解到没有目标，应尽快通过访谈项目负责人或在组织项目团队内研讨确认。

对于目标不清的情况，在复盘前将目标可依据SMART原则明确细化，明确具体（Specific），可衡量（Measurable），有挑战但可实现（Achievable），相关、可控（Related），有时限（Time-limited）。

对于目标缺乏共识的情况，通常是事前未与相关人员充分沟通和确认所致。团队目标应使每一个参与者都清楚，确保团队成员对任务目的和成功的标准理解一致。这种情况普遍存在，相关人员对自己个人的绩效考核指标比较清楚，对考核以外的指标却关心。

对于对实现目标的策略、方法、措施的规划缺乏或不充分的情况，确认团队制定的与目标相关的计划有哪些，措施落实给谁，承担者是否有按这些计划开展行动。如果这些计划只是一纸空文没有行动，就可以判定前面所有的策划都一文不值。

8.4.2 评估结果

对运营的结果进行评估，主要回答以下问题。

① 实际发生了什么事？

② 在什么情况下，是怎么发生的？

③ 与目标相比，哪些地方做得好？哪些未达预期？

实际复盘时，评估结果的处理手法有过程还原法和绩效导向法两种。

过程还原法的具体做法是，按照时间顺序或职能条线，把主要事件、关键环节复现一遍，以找出下一阶段深入探究的重要议题。这种做法操作简便，线索清晰，有助于就事实过程达成共识，但是很可能会陷入“流水账”或纠缠于技术细节，导致时间占用较多，对于了解全局的成员来说，也显得重复，没必要。

绩效导向法的具体做法是，对照目标，列出哪些地方做得好，哪些地方做得不好或有改进空间，在分析差异根源或成功要素时，如有必要，再将过程进行复现。这种做法简单、直接、高效，有助于保持会议聚焦，避免陷入细节或平铺直叙。但是一些成员可能因对事实缺乏共识而难以参与。

虽然这两种方法有差异，但背后的本质却是相同的。在实际操作中，可以根据公司的不同情况做出选择。如果团队成员有变动，采用过程还原法比较适合。笔者经常碰到某些人员反映对前任的情况不清楚的情况，此时应由原任职人员的上司负责介绍和叙述。但从管理的延续性而言，现任人员有责任了解和执行公司已经制定好的目标和计划。对于成员比较稳定的情况，大家对目标计划开展的情况又比较熟悉，则可采用绩效导向法。

8.4.3 分析原因

针对成功和不成功的各种结果，都必须回答以下几个的问题。

① 实施了哪些计划？哪些计划没有被实施？

② 实际情况与预期有无差异？

③ 如果实际情况与预期有差异，那么，为什么会出现这些差异？是由哪些因素造成？根本原因是什么？

④ 如果实际情况与预期无差异，那么，成功的关键因素是什么？无差异的结果是否只是采取其他措施的结果？

复盘的原因分析需要经过当事人叙述、自我剖析和众人设问三个环节。

当事人员叙述是由复盘所针对项目的当事人叙述目标、措施和计划的设定、计划的实施和管控过程及相关的结果，一是通过叙述还原过程，当事人也能通过对事件的还原引发自己的深入思考，二是让参加复盘的人员了解和共享事件的“背景知识”，好为其后的“众人设问”提供素材。叙述一定要客观，切忌添加任何自己的主观评价和看法，以期最大限度地还原事件的本质。

自我剖析是当事人员敞开胸怀，在参与复盘的其他人员的面前自我分析对这个过程包括目标和计划的设定、执行过程的监控等的原始考虑和得失，以及事后的检讨和思考，必要时需要对事件进行重现，以便对事件有更深入的思考。

众人设问一是参与复盘的其他人员对当事人的叙述和自我剖析提出质疑，特别是对不确定、疑似不恰当的地方和成功关键的总结方面；二是其他复盘人员积极参与，从其他角度进行思考，超出当事人的思考范围，以期集思广益。

原因的分析过程，应牢牢把握以下三点。

① 把握事件的关键，对事不对人，进行深入分析。

② 对成功的剖析与对不足的剖析同样重要。

③ 多设想一下如果出现另外一些状况或者换了另外一种做法，会出现什么样的效果。

8.4.4 总结经验

从复盘中总结经验，必须回答以下两个问题。

① 从过程中学到了什么新东西？

② 如果有人进行同样的行动，会给他什么建议？

总结经验和规律是开展复盘活动的最后一个环节。对于总结出来的经验，复盘小组还可以寻找其他相关的案例来佐证其是否正确、可行。

复盘结束后，复盘小组要进行复盘总结，及时将获得的成果以书面的形式予以固化存档，形成4S店的经验库供相关人员查询。复盘总结的模板可参考表8-1。

表8-1 经营复盘总结

复盘主题：	
时间：	地点：
参加人员：	用时：
概况简述	
一、回顾目标：目的与阶段性目标	
1.最初目的	
2.最初目标	
二、评估结果：亮点与不足	
1.亮点	
2.不足	
三、分析原因	
1.成功原因	
2.失败原因	
四、总结规律、心得与行动计划	
1.规律、心得	
2.行动计划	开始做：
	继续做：
	停止做：

参考文献

[1] 科特勒. 营销管理—分析、计划、执行和控制. 第9版. 上海: 上海人民出版社，2001.

[2] 代宏坤. 经营计划与预算. 北京: 中国言实出版社，2006.

[3] 饶征，孙波. 以KPI为核心的绩效管理. 北京: 中国人民大学出版社，2003.

[4] 孙丽娟，郑莉. 汽车4S店售后服务质量研究. 科技展望，2017，31: 200-201.

[5] “互联网+汽车”痛点求解. 中国经济信息，2016, 15: 54-55.

[6] 张乃敬. 绩效复盘，刷出你的经验值. 人力资源，2017, 7: 45-47.

[7] 柳传志. 中国人力资源开发研究会企业人才分会成立大会主题演说之二—联想的复盘. 中国人力资源开发, 2013, 12: 36-40.